老旦"破壳"記

刚刚好的陪伴，和孩子一起成长

牛丽萍——著

中国妇女出版社

图书在版编目（CIP）数据
老旦“破壳”记 ：刚刚好的陪伴，和孩子一起成长 / 牛丽萍著. -- 北京 ：中国妇女出版社，2025. 5.
ISBN 978-7-5127-2486-0
Ⅰ. G782
中国国家版本馆CIP数据核字第2025LG8109号

责任编辑：陈经慧
封面设计：末末美书
责任印制：李志国

出版发行：中国妇女出版社
地　　址：北京市东城区史家胡同甲24号　　邮政编码：100010
电　　话：（010）65133160（发行部）　　65133161（邮购）
网　　址：www.womenbooks.cn
邮　　箱：zgfncbs@womenbooks.cn
法律顾问：北京市道可特律师事务所
经　　销：各地新华书店
印　　刷：小森印刷（北京）有限公司

开　　本：165mm × 235mm　1/16
印　　张：12.5
字　　数：150千字
版　　次：2025年5月第1版　　2025年5月第1次印刷
定　　价：49.80元

如有印装错误，请与发行部联系

推荐序

以笔绘心，共赴成长之旅

在这个快节奏、高压力的时代，我们往往忙于赶路，却忘了欣赏沿途的风景，更鲜有时间静下心来，细细品味那些关于成长的故事。

当翻开《老旦“破壳”记》这本独特的日记体图书时，我仿佛被一股温柔而坚定的力量牵引，走进了一个既熟悉又新奇的世界——一个关于爱、成长与自我探索的仙境。

我对这位母亲充满了敬意。她以笔为舟，以爱为帆，不仅记录下了儿子“老旦”从稚嫩到青涩的每一步足迹，更在字里行间，倾注了对教育独特的思考与实践。这不仅是一本关于孩子成长的回忆录，更是家长自我成长与蜕变的见证。她用自己的方式，向我们展示了如何在日常的琐碎与平凡中，探索教育的真谛，发掘教育的美好，用爱与耐心，陪伴孩子一步步走向更加辽阔的人生舞台。

书中，老旦的故事如同一串串璀璨的珍珠，被作者细心地穿起来，形成了一条闪耀着光芒的成长项链。我们看到的是一个孩子从对世界充满好奇到逐渐学会独立思考，从遇到困难时难免迷茫到勇敢面对挑战的成长历程。更为动人的是，这位母亲在记录这些点滴的同时，也在不断反思自己的教育方式，她敢于面对自己的不足，勇于尝试新的方法，用一颗开放和包容的心，为老旦的成长之路铺设了一片片人格基石。

看得出，作者不只是孩子的妈妈，还是孩子的好友、对手。作者和所有母亲一样，关心孩子的学习，又和许多妈妈不一样，与学习成绩相比，她更关心孩子快乐与否。为此，她愿意牺牲孩子的学习时间带他出游。这不仅需要一份勇气，更需要一份胸怀。因为作者的这份超然，所以，不止一次领略到书中老旦那份令人欢喜的花样年华。

这本书的魅力，在于它的真实与细腻。它没有华丽的辞藻，没有刻意的煽情，只有那些平凡日子里的点点滴滴，以及背后那份纯真而无私的爱，让我们一次次领略到“最喜少年爱追梦，不惧岁月不惧风”的美好瞬间。它让我们相信，每一个孩子的成长都是独一无二的，每一次心灵的触动都值得被铭记。而这位母亲，正是用她那双敏锐的眼睛和敏感的心灵，捕捉到了这些稍纵即逝的美好瞬间，将它们定格成永恒。

更重要的是，《老旦“破壳”记》为我们提供了一种全新的家庭教育视角。特别有意思的地方是，这本书不仅适合家长学习，也非常适宜孩子阅读。在我看来，它更是一本可以真正实现亲子共读的欢喜之书。亲子教育不仅有知识的传授，更是情感的交流、价值观的塑造以及人格的完善。在这个过程中，家长不仅是引导者，更是同行者。我们需要与孩子一同成长，一同面对生活的风雨，一同享受成长的喜悦。这位母亲通过写书的方式，不仅促进了自身教育理念的深化与升华，更为广大家长树立了一个可资借鉴的榜样。

我相信，这本书的出版，将给新世纪的家庭教育领域送来一股清新的风。它可以鼓励更多的家长拿起笔，记录下孩子的成长历程，同时也记录下自己作为家长的心路历程。在这个过程中，大家不仅会收获更加深厚的亲子关系，还会在不断的反思与实践中，找到属于自己的教育之道。以教育人，以文化人，家风之道就是文化之道。集文成章，集章成书，就是家风传承的文化成果。

最后，我想说，《老旦“破壳”记》不仅是一本关于孩子成长的书，更是一份爱的礼物。它让我们在忙碌与喧嚣之中，找到了一片宁静的港湾，让我们有机会停下脚步，回望过去，展望未来，共同探索那条通往心灵深处的成长之路。愿每一位读者都能从中汲取到力量与智慧，与自己的孩子携手共进，在成长的旅途中留下更多温馨而美好的回忆。也期待更多的母亲可以和作者一样，用笔绘出一幅美好的家教画卷。

山西省社会科学院（山西省人民政府发展研究中心）
山西家庭建设发展研究智库秘书长 赵雨林

2025 年 4 月

自序

和孩子一起成长

我自小喜欢读书，常常读起书来不舍昼夜。虽然就像狗熊掰棒子，读一路，忘一路，但我还是比狗熊强，能留下来的知识如同涓涓细流，不仅滋养了我自己的心灵，也润泽着我的孩子们。

老旦出生时，我已经年届不惑。因为书本的浸染和岁月的磨砺，相比年轻时候的我，现在越发豁达通透。行到水穷处，坐看云起时。和很多焦虑的妈妈相比，我更看重儿女们的健康快乐，希望他们可以坚韧自立，能活出不一样的人生。

老旦从小也爱读书，不仅看儿童读物，时常也会跟着父母读一些超越年龄的杂文、传记、小说。在文字的熏陶下，慢慢地，老旦童言童语里开始爆出和他年龄不相符的成人式表达，常常令我们大家忍俊不禁，回味无穷。我觉得这些神来之语特别有趣，就想着一定要记下来，留到以后可以随时回味。

于是，只要有空，我就会坐到电脑旁，噼里啪啦地记录下老旦的奇思妙想。大丫小时候，我也写属于她的小故事，可惜电脑坏掉，写的东西全部丢失，记忆里只留下了一句话：小丫快飞！所以，我对自己说：这次一定不能再错过了。

我把记录老旦生活的文字放在了微信朋友圈，并配上老旦夸张的特写照片，图文并茂，引来一些朋友围观。令我意外的是，竟然好评如潮，大家对我发布的内容赞赏有加，这让我又平添许多快乐。有几位朋友留言里直接建议我出本书，说我的文字趣味性与教育性并存，比简单的说教更有说服力。就连老旦小学时的校长也建议：“你能不能出本书呀，我这里的家长们太需要这样的案例了。”

大家的支持与鼓励，为我的写作指出了新方向，同时坚定了我写作的信心。我比以前任何时候都更爱写作，甚至觉得自己离不开写作，每日的写作成了我生活中不可或缺的一部分。

不知道从什么时候起，我发现写作对我自己越来越有帮助。写作其实也是我养育孩子反思的过程，它不仅是一种无声的倾诉，更能平复和老旦相处过程中产生的怒火，而且很多问题在写作的过程中思路渐渐明晰。

十一二岁的孩子，渐渐步入青春期。这个年龄的孩子年少气盛，蓬勃萌动，本应是恣意驰骋、振翅飞翔的年龄，但老旦就像拴上缰绳的小马驹，像被束住翅膀的小鸟，特别是升入初中后，课业压力骤升，老旦的情绪波动开始变大。而我也到了知天命的年龄，可谓青春期遇上更年期，我们家常常鸡飞狗跳，火星四溅。我爱人在夹缝里求生存，苦不堪言。这时，多亏了我写的小作文，它不仅在我和老旦之间，也在我和爱人之间，架起了七色彩虹桥，成了安抚我们的灵丹妙药。

老旦是我的第一位读者。他常常被我的文章逗得哈哈大笑，并且表扬说：“老妈的小作文写得有意思。”不仅如此，老旦还说从我的小作文中窥探到了我的思想，了解到了我作为母亲的一番苦心。非常神奇，老旦眼里的小作文竟然成了我和他相互理解的媒介和桥梁。

我爱人每天盼着小作文出新，实在等不及，就催更。他说读小作文就像看回放，是回味，也是反思，还说不了解孩子怎么能和孩子做朋友。当然，他也说从小作文中体会到了老旦和老妈各自的不容易。

大丫也说小作文像是家庭生活的影像，并且乐此不疲地从中寻找自己的身影。从老旦的身上，大丫体会到了自己小时候老妈的良苦用心。

无心插柳柳成荫。小作文成了我们家庭关系的纽带和桥梁，也成了家庭建设的工具和见证。

集腋成裘，春种秋收。当样稿捧在手心里时，我如同捧了一捆沉甸甸的麦穗。现在我把自己的收获分享给各位读者。当读者们读到这本书的时候，我已经开始了下一季的耕耘。

愿亲爱的小读者读到这本书时，能从老旦的故事里找到自己的影子，在哈哈大笑的同时，也能把手里的书传递给妈妈共享。愿亲爱的妈妈们，能在书里寻到和谐幸福。愿妈妈们如我一般，以笔为帆，驾船起航，书写属于你和孩子的篇章。

牛丽萍

2025 年 4 月

人物简介

老旦

本书主人公，本来叫小旦，五岁学习书法，同时接触古诗文。自从他会背《长恨歌》之后，一发不可收拾，专挑长的古诗文背，书法老师很是疼爱。老师感慨地说：“小小年纪，古诗文能学到这个程度，不简单，以后尊称‘老旦’吧。”

小旦听后大喜，于是毫不客气地开始自称“老旦”，也喜欢别人叫他老旦。

老妈

老旦的妈妈，本书作者，爱用日记盘点家庭中的点点滴滴。

老爸

老旦的爸爸，闲暇之余最喜欢做的事情是看书和陪孩子。

大丫

老旦的姐姐，现已研究生毕业，是一个快乐的小职员。

目录 CONTENTS

感

初曦启心

目录 CONTENTS

待

蓄力春泥

目录 CONTENTS

目录 CONTENTS

思

破茧智启

目 录 CONTENTS

目录 CONTENTS

联

广袤心旅

目录 CONTENTS

目录 CONTENTS

DATE WEEK WEATHER

感

初曦启心

老旦对世界的好奇与热爱如幼苗破土，每一缕阳光、每一声鸟鸣，皆成为他成长过程中的催化剂。这是一段关于探索与发现的旅程，内心深处不断涌动对未知世界的渴望与好奇。老旦以纯真的眼眸，捕捉周遭的斑斓。

和自己下棋

2021 年 3 月 10 日

老旦在学校学了国际象棋，回家后没人陪玩，于是自己支起棋盘，黑白都是自己，自己和自己下，连如厕也要把棋盘搬到马桶前继续大战。

老妈好奇地问：“你偏向谁家？”

老旦：“有时哪家弱就偏向哪家，有时想让哪家赢就偏向哪家。总之，说不定偏向谁。不过我发现有时在哪家都倾尽全力，结果总是旗鼓相当。”

老妈给老旦讲：“有本书叫《射雕英雄传》，里面有个人物叫老顽童，他会双手互搏，和你的自弈有些相似。”

老旦听了呵呵笑。

写字能换钱

2021 年 3 月 23 日

老旦每次在外面看见被别的小朋友丢弃的奥特曼卡，总忍不住多瞅一眼，看看价值几何。每到周末，院子里会有一堆一堆的娃娃聚会，卡片交易，以卡易卡。精干的孩子把卡放在精致的盒子里，不精干的孩子则手捧一堆卡，不小心就散落一地。

老旦讲起置换卡片来一套一套的，如数家珍：“R 卡最菜，抽到这种卡只能自叹运气不好，SR 卡是第二菜……XR、PR 和 ZR 是最好的，如果能抽到，在我们小朋友眼里，可是很值钱的。”

老旦的“卡经”太复杂了，老妈每次听到都头大。但老旦想拥有某张换不到的心爱的奥特曼卡，于是把目光转移到老妈的身上，问有没有能挣钱的办法。

老妈想想，那就给老旦一个创收的机会吧，可以一举两得，既能激发老旦写书法的欲望，又能让老旦认识到挣钱是需要辛苦付出的。

老妈说：“写字吧，一页 2 元。”

老旦大喜：“想买啥买啥？”

老妈肯定地回答：“想买啥买啥。”

老旦狂喜，于是不停地写字。

看来老旦把自己当成了印钞机，估计一边写一边在心里不停念叨：2 元，2 元，又 2 元……

老妈眼瞧着老旦一张又一张地写字，也在心里盘算：2 元，2 元，又 2 元……这些速成的字，连基本的笔法和结字都不讲究，于是和老旦讲：“你这么写可不行，只追求了数量，没有追求质量。我说的写字挣钱要建立在保证质量的基础之上，如果不能保证质量，我们的这个约定自动取消。”

老旦听了老妈的话，嘴巴快噘到了天上，眼瞅着眼泪快要掉下来了。老妈再让他写字时，明显有了抵触情绪。

老妈娓娓道来："《齐白石传》中有个小故事，说白石老人的小虾米，画一只白银十两，识货的人都说，润格不高，值！齐白石画的虾虽然寥寥几笔，却浑身通透，灵动自然，宛如活在纸上。老旦你知道吗，为了画好虾，齐白石通过细致入微的观察和大量的练习，才把虾的形态和特征跃然纸上。现在我给你的2元钱是对你努力练习的奖励。一张字写得不好不值2元钱，但是如果写得好了，可能值100元钱，甚至1000元钱。"

老旦听了老妈的这席话，觉得很有道理，早忘记老妈的"言而无信"，再次激发出写字热情，站在桌前继续不停地练字。

今天一定是老旦刻骨铭心的一天，老旦从眼看成为"富翁"，瞬间回到一无所有。老旦从开始想写字换钱，到现在想把自己的字变得值钱了。

桃子也不可貌相

2021年5月7日

五一期间，爸妈带老旦到附近的农场采摘。

五月的天气初暖还凉。田间地头，气温还没有高到果子成熟的温度，但大棚暖房里一阵阵热浪。我们头一回看见一个个西瓜用红色网兜装着挂在架子上生长。老妈即兴来了一段顺口溜："西瓜地里数西瓜，生瓜生瓜，绿皮瓤白，别看它穿了衣服，还是生瓜一个。”

果农讲一棵瓜苗上最多能结一个西瓜，多余的得除掉，以保证留下来的这颗独生瓜获得充分的营养，这样品质才有保证。

地上掉落着一颗颗被除掉的小瓜，有鹌鹑蛋大小的，有鸡蛋大小的，很是可爱。老旦捡来玩，捡拾一路玩一路。

油桃大棚里，果农专门摘咧开嘴的油桃让我们吃。我们都嫌长相不好看，像这样咧开嘴的油桃搁在超市里肯定没人买。农人却面露微笑：“你们先尝一尝，尝了才知道好不好吃。”

果然，裂开的果子汁甜而味浓。

老旦尝到甜头，一棵桃树一棵桃树地满棚子找裂开的桃子吃。

老旦懂得了，原来桃子也不可貌相。

经过交谈，得知现代农人已不是过去面朝黄土背朝天的农人，现代农业也不是简单的地里刨食靠天吃饭的农业。很多农人都是农大毕业的科班生，从育种育苗到开花结果，再配合温度、湿度、光照度的统一监控，农业是一项不简单的大工程。

老旦感慨万分：“原来我吃的水果都是这样长出来的。”

老爸感叹：“谁说读书无用，广阔天地大有作为。”

读书不止图乐呵

2021 年 6 月 9 日

老旦的阅读口味突然发生了改变，他不再迷《装在口袋里的爸爸》，主动要求读老妈推荐的书。老妈建议老旦重读历史书，老旦真的开始重读《写给儿童的中国历史》。

但是老旦一脸嫌弃地说："我不喜欢清朝以后的那部分历史。"

老妈追问："为什么？"

老旦答："太屈辱了。"

老妈顺着老旦的思路和他聊起来："那种历史事件写在书里你都不想读、不想知道，对吧？"

老旦："对。"

老妈："那写书的作者作为一个中国人，他是不是也不想写这段历史？"

老旦点头表示赞同。

老妈："如果他不写这些屈辱的历史，大家都不想触及这段历史，随着时间的流逝，这段历史连带屈辱就都湮灭了。后人没有机会看到这段历史，也就意味着没有了反思和警醒，没有了斗志。老旦，你觉得那会怎么样？"

老旦想一想，答："哎呀，历史会重演。"

老妈继续讲："作者没有回避这段历史，把它写出来，我们有幸读到它，应该正视它，将它转化为学习的动力，长大后为把祖国建设得更加强大贡献自己的力量，不要让历史重演，这才是学习历史的意义所在。”

老旦使劲地点点头。

为中华之崛起而读书

2021 年 7 月 10 日

老旦这两天总喜欢大中午在烈日下独霸篮球场，挥汗如雨。打完球后，回到家就拿起书开始读。

老妈问老旦：“你为什么读书呢？”

老旦一本正经地讲：“周恩来总理小时候跟随伯父在奉天读书，伯父告诉他，有些被外国人占领的地方不要随便去玩。周总理不理解，问为什么。伯父回答‘中华不振’。后来他又在租界亲眼看到国人受屈辱的事情。这些对他影响特别深，所以当老师提问为什么读书时，12 岁的周恩来回答：‘为中华之崛起而读书！’。”

每个孩子都肩负重任，应为子孙后代书写一段强大的中国历史而读书。老旦是爸妈的娃，也是国家的娃。爸妈教育好自己家的孩子，也是在为国家做贡献。老妈一想，觉得是这么回事。

家里种的西红柿结出了小果子，平平静静，自然生长。老妈、大丫和老旦在各自的屋子读书学习，家里安静祥和。

时光荏苒，岁月静好，我们每个人做好自己就好。

规划

2021 年 8 月 27 日

快开学了，鉴于老旦同学又长大一岁，本着自己的路自己走，自己的事情自己做主的原则，老妈和老旦协商以下几件事的未来规划。

1. 关于挑食的问题，如遇老旦挑食老妈要不要管。

老妈夸张地做了一番推理：挑食意味着营养不均衡，营养不均衡则意味着长不高。如果老旦对未来身高不介意，那么老妈也不介意老旦挑食。

听了老妈的话，经过慎重考虑，老旦决定为自己未来的身高负责任，立马喝光了刚刚剩下的牛奶，但老旦重申，蒜薹、茄子、姜是不会吃的。老妈认可。

2. 语文、数学、英语要不要补课。

老妈已经开始担忧老旦的初中升学问题。还是老套路，老妈出选择题供老旦选择：把学习矛盾置后还是提前？如果选择置后，则小学再痛痛快快玩两年，初中受累；如果选择矛盾提前，现在开始就得好好学习。还有，如果选择提前，是自己学习，还是找老师辅导一下呢？

老旦略加思考，决定选择自己学习。学习是自己的事，先自己学习，遇到困难再寻求帮助。

3. 关于课外学习的书法、古琴和吉他，是否打算继续学。

老旦有一次跟着老妈到古琴馆玩耍，被古琴曲《沧海一声笑》别样的节奏感和空谷的回声所震撼，缠着要学古琴。家里放着老妈闲置很久的吉他，吉他上用贝壳镶嵌了一条龙，老旦属龙，这勾起了老旦想学吉他的欲望。在讨论阶段，老旦都信誓旦旦说要好好学，等到真正学习的时候，困难摆到眼前，学习就不那么容易了。

到底能不能坚持下去呢？老旦说：“书法是最爱，一定要学好；吉他虽然以前有一段时间不喜欢，但现在很喜欢，也想坚持；如果一定要去掉一项，那就古琴吧，虽然我也喜欢，但是太难了。”

老妈分析：“你的古琴学习到了一个低谷期，就像吉他的学习也是从低谷走出来的。也许过了这个阶段，一切都会变好。”

老旦仔细琢磨老妈的话，觉得有道理。

经过母子二人研究，还是觉得在条件允许的情况下，要把书法、吉他和古琴的学习坚持下去。

老旦和老妈用几分钟的时间对下学期的学习进行了规划。老旦对每项学习生活都做了选择，觉得今天晚上聊得很开心，夸老妈的思想教育工作做得好！

老妈又被忽悠

2021 年 11 月 28 日

老爸充实的周末生活从早餐开始。

老爸给老旦准备了煮鸡蛋、烤面包等早餐，学习时陪着学语、数、英，休息时陪着玩围棋、国际象棋，书法课、吉他课亲自接送，还要陪娃打羽毛球和篮球，晚上陪娃逛食品街。

这么高强度、高体力、高节奏的陪伴，谁都会累得不行。老妈想象着老爸倚靠着墙吐着舌头大喘气的窘态，心里说不出的快活。心想：让你也尝一尝养娃带娃的滋味。

果然，晚饭前老爸说：“这可比上班累多了。”

白天该玩的玩了，该乐的乐了，晚上按照计划吃晚饭、写毛笔字、睡觉。吃晚饭时老旦在饭桌上一脸惆怅。老妈问怎么了，老旦嗫嚅：“我担心……我……我不能说，说了你肯定生气。”

老妈最烦磨叽，边猜测边诈唬：“有啥事大胆地说，妈妈罩着你。难不成作业没写完？”

老旦立马接茬儿：“猜对了。”

老旦转头去找老爸做靠山，老爸早已不见人影。

老妈已经猜透老旦的心思，说：“找谁也没用！还不赶紧写去！你玩之前咋不说？”

老旦一脸无奈：“你看，早说你会生气……”

老妈赶紧收敛了些怒火：“不生气，不生气，写完就行。”

收拾书包时，老旦掏出还没写的口算，犹豫一下又塞进书包。老妈假装没看见，不再说话。

老旦看见老妈矛盾的表情，淡定地安慰：“老妈你别焦虑，你总是太焦虑。没事，口算老师不查。”

哎，这是不查的事嘛！老妈还想说些啥，老旦人已经溜走。

居然会含沙射影批评老妈

2021 年 12 月 19 日

明天就要上学了，老旦的作业还没写完。

到了下午 4 点半，老旦背英语课文和单词。将完未完，老妈喊话：“背完英语后，再把语文和数学作业完成一下，5 点上口语课前把学校的英语作业从网上交一下。”

老旦夸张地把自己往床上一扔，招手请老爸探耳过去，悄声问老爸：“妈妈知不知道什么是五德？”

感觉老爸看热闹不嫌事大，他狡猾地说：“那得问问才知道。”

老妈被问时，装出一脸茫然的样子。

老爸在旁边斜眼瞧着母子对话，一副幸灾乐祸的样子。

老旦狠狠地大声说：“是仁、义、礼、智、信！”

老妈依然嘴硬："这个我不知道。"

老妈当然不能知道，老旦这是拐弯抹角说老妈不仁不义、不讲道理呢。老妈回想了老旦这两天的表现，果然事出有因。

昨天老旦画了一幅画，三座大山压着个小人，大山上分别写着：语、数、英。老旦指着那个小人，一脸哀怨地说："那就是我。"

当时老妈没反应，现在估计老旦是说老妈不仁。

今天老妈喊老旦："过来过来，我这儿有一个有趣的视频，给你看看。"

老旦对老妈的套路了如指掌，咬牙切齿地撂下一句话："这不是让我看视频，是哄着我继续学习呢。"这件事估计算老妈不信。

老旦还在铅笔头上粘了一张纸举着满屋跑，边跑边喊："官逼民反啦，揭竿而起啦，不写作业啦！"这条估计是算老妈不义。

无论如何，作业还是得写。软硬兼施后，老旦双休日的作业还是没写完。老妈只好给老师发微信：干不动了，罢工了。

老师发了一个挥泪表情，回复：那就明天接着施工吧。

老妈把这条微信给老旦看，老旦抱住老妈狠狠亲了两口。

这下老妈是不是一下子就五德兼备了？这个感觉真好。

谁不想睡到自然醒

2022 年 2 月 27 日

今天老旦大概气不顺。

老旦练书法的时候，边写边哭，边哭边写，几乎不停地对老妈抱怨和吐槽：“你觉得我们小学生活得可好了，每天在学校都是玩了？你觉得我们的卷子看看就都会了，用不着学就都做出来了？你觉得我每天六点多起床就不困，我就不想睡到自然醒？你觉得语文、数学、英语等课本都是摆设，不学也会？你觉得我就不想出去好好畅快地耍，我就没有玩的需求？”

老妈从头到尾一句话都没有说，只是默默地听着。听着老旦哭诉，老妈心里有种说不出来的滋味。这是万千妈妈的内心感受。最后老旦字写完了，哭完了，老妈轻轻地摩挲了一下老旦的头，老旦没有把头转走。虽然没有刻意迎合，但是老妈知道，老旦和老妈又和好了。

很多时候有话说出来就痛快了。

很多时候不说话就是最好的回答。

好心不一定办好事

2022 年 4 月 5 日

老爸因为工作忙两天没回家，托人来取换洗衣服。

老旦思父心切，于是把自己画的两幅小画悄悄塞进衣服里捎给老爸，期待一家团圆。

老旦这两天想老爸想疯了，啥都想送给老爸。晚上打扫卫生，老妈要把老旦叠的纸飞机扫进簸箕里，老旦拾起来抖抖纸飞机上的灰，说：“今天过节，我要把这架纸飞机送给爸爸。”

老妈赶紧阻止：“今天不能送东西给老爸。”

老旦不理解，说：“那我送给张老师。”

老妈一脸无奈：“老师也不能送，清明节只给过世的先人送。”

老旦恍然大悟，沉思半晌：“哎呀，那可咋办？”

老妈问：“啥咋办？”

老旦一脸懊恼地说：“我已经在老爸的衣服里塞了两幅画。”

老妈宽慰老旦：“那个不作数。”

老旦如释重负地长出一口气。

逃不掉的作业

2022 年 5 月 6 日

五一假期转瞬已过，老旦玩耍得意犹未尽。蓦然回首，所有作业只字未动，一拖再拖还拖。

其间老妈三番五次地催，但老旦依然不为所动。

老妈对待作业的原则：你敢不写，我就敢让你不写。谁怕谁！

节后第一天，从学校回来的老旦非常自觉地认真完成作业，补旧写新。

每次都是这样，旧债未还又添新债。

姐弟情深

2022 年 5 月 28 日

吃完晚饭后老旦在家里巡视一番，嘴里念叨：“过两天是‘六一’，连个儿童节礼物也没有。”

说者“无意”，听者有心。记得去年夏天，老旦见院子里有个小朋友戴的电话手表能翻转，一脸羡慕的表情。

于是老妈跟老旦说：“给你换个能翻转的电话手表怎么样？”

老旦不假思索，淡淡回一句：“我不要，我啥都不缺。”

老妈的热情被老旦的一瓢凉水泼了个拔凉。老妈再次向老旦强烈推荐新款的电话手表有哪些新功能，有多么炫酷。

老旦没有理会老妈，和大丫下楼买菜给爸妈准备午饭去了。留下老妈一脸蒙，半天回不过味。

老爸在旁边添油加醋地说："这就是你自己教育出来的孩子，视物质金钱如粪土！"

午饭后，老旦重提电话手表的事。原来，他还记得妈妈讲过一个孩子为了买苹果手机卖肾的故事。老旦觉得电话手表的版本更新太快，去追求时髦没意义，现在的电话手表还能用。

老妈正在为礼物发愁的时候，没想到喜从天降。

大丫对老旦说："可以不买新手表，但是礼物得有！你去姐姐的宝物库里选一样吧。不过，选的时候要看姐姐我的脸色。脸色不好看的是不想给的，脸色好看的是可以给的。"

老旦大喜。

皆大欢喜。

到底是谁算计谁

2022 年 5 月 29 日

老旦每个周日下午都会发愁一件事，那就是接下来的五天得上学。

但这个周日老旦没有了心理负担，因为马上要到“六一”儿童节，再加上端午节，一共上不了几天课。老旦看了好几遍日历，终于放心了，一眼就能望见的幸福生活。可是老妈前两天刚做了一个小手术，这几天不能带老旦出门玩。这个幸福大打折扣。

渴望放飞的老旦估计是想了很久，特向老妈申请：端午节这天除了写书法、读《水浒传》，其他的学习一概不提。希望老妈给予充分的自由空间，想几点下楼玩就几点下楼，想玩多长时间就玩多长时间。

老妈觉得老旦主动要求写字和读书，真的很不错。这个“买卖”划算，当下答应。

老旦很高兴。

鱼儿的友谊

2022 年 5 月 29 日 

爸妈带老旦去玫瑰花种植基地玩。

基地里还养着金鱼，好几大池子的金鱼游来游去。一把鱼食扔下去，金鱼们立马朝鱼食的方向游去，上下翻滚扑腾着，争先恐后、浩浩荡荡，颇有千军万马之势。此情此景，甚是壮观。

老旦也被打动，冒出一句感慨：“一把鱼食坏了鱼儿们的友谊！”

啧啧，这话说的，颇有几分道理。

短暂的温柔

2022 年 5 月 30 日

学校组织学习《中华人民共和国家庭教育促进法》系列活动，老旦参加了活动中的朗诵项目，主题是“我在天上挑妈妈”。

老旦这几天天天练习，对“妈妈”这个词和身份有了新的认知和要求，对老妈也有了看法，话里话外嫌老妈不够温柔。

这天老旦上完书法课回来，老妈柔声细语：“老旦，你回来了，洗手了吗？想吃什么呢？”

老旦打了个激灵：“咦，老妈，你生病啦？”

老妈继续捏着嗓子，温柔地说：“你不是让我温柔些吗？”

老旦：“咦，有点不习惯！”

老妈装不下去，回归本色，厉声道：“赶紧去洗手！”

两人哈哈大笑。

如何对待作业

2022 年 6 月 23 日

今天是中考调休后上学的第一天，不知道老旦是如何蒙混过关的。

调休四天，这四天对于老旦来说简直是折磨。

据老旦讲，数学老师布置了八张卷子，英语老师布置了十二篇小作文，语文老师最任性，布置了七张 A4 纸的题。

一个小学五年级的小孩，四天要完成这么多作业，老旦愁啊愁。

老妈问老旦：“你希望老妈如何对待你的语文作业？”

老旦用手把妈妈一只眼睛轻轻地合上。

老妈问：“数学呢？”

老旦把妈妈的两只眼睛都慢慢地合上。

老妈又问：“英语呢？”

老旦不仅合上老妈的两只眼睛，还捏紧了妈妈的嘴巴。

老妈呵呵一笑，说道：“好的好的，都依你，只要你准备好了屁股，我没意见。”

老旦缺亲姐夫

2022 年 6 月 23 日

老旦在院子里玩，看到别的小朋友用手机拍照片，也想拍下有意思的人和事，留作纪念。

大丫疼爱弟弟，大方地把自己的新手机拿给老旦用。

可惜，老旦不懂得爱护，玩得兴起时，失手将手机掉到了水池里。他把手机捞上来后也没当回事，擦擦继续玩。这件事回家后老旦谁也没告诉，悄悄地把手机放到了一边。结果，手机坏了。

大丫发现后，瞬间来了脾气，大声抱怨着，吓得老妈和老旦不敢吭声，直缩脖子。临了，大丫愤愤地往自己房间走去，随着“砰”的一声，门被重重地关上。

老旦和老妈被关在门外，面面相觑。老旦悄悄地说：“我姐缺男朋友了。”老旦不仅没有沉痛反思自己的错误，反而还调侃受害者。

老妈听了哈哈大笑，问老旦：“那你缺什么了？”

老妈以为老旦会趁机再给自己申请一个手机玩，结果老旦根本不把手机放在心上。

老旦嬉笑着回答：“呵呵，我缺亲姐夫了。”

他姐听见，会不会想打他！

不用亲子鉴定

2022 年 6 月 24 日

大丫准备读研，所以这段时间一直在家，还分担了很多家务。可是，每天事没干多少，牢骚倒是不少。

浇花时，大丫嫌弃老妈的花太多，太难伺候。

吃饭时，一个碗、一个盘子、一双筷子地算计，不许乱用多用。

特别是洗衣服时，抱怨老爸把干净的、穿过的、居家的、外穿的混在一起。

唯一值得宽慰的是，大丫开始共情老妈这二十多年的不容易，老爸这么杂乱无章，老妈是如何走过来的。

可是，当老妈瞧见大丫的屋子里衣服、书、布娃娃堆得乱七八糟，批评她房间太乱时，大丫又理直气壮：“我随我爸，不用亲子鉴定。”

这时候，看热闹不嫌事大的老旦也探头过来，适时附和：“我也随我爸，也不用亲子鉴定！”

都不用亲子鉴定，咋就不随老妈呢！

老旦是个“势利眼”

2022年7月18日

大丫说准备暑假去北京环球影城和上海迪士尼玩一圈。

老妈听后朝老旦挤眉弄眼。老旦立刻心领神会，缠着大丫带他一起去。大丫拗不过老旦，勉为其难地答应。但是有个条件，就是一切听从大丫的指挥。老旦不假思索地答应。

出发的前几天，大丫兴奋地告诉老旦：“你姐我炒股挣钱啦！挣了1800元。出去姐带着你想怎么花就怎么花。”

老旦听了喜上眉梢，更是对大丫言听计从。

有一天，吃过午饭，老妈喊大丫：“来，把饭桌收拾了，碗筷洗了。”

大丫说：“好。”然后扭脸喊：“老旦，来，收拾。”

老旦乖乖跑过去干活，典型的“老懒支大懒，大懒支小懒”。

大丫认为这是她挣的第一桶金，欢喜地和老旦分享。去了北京环球影城，大丫和老旦放手买玩具，说姐挣钱了；去了上海迪士尼，抱回两个布娃娃，也说姐挣钱了，随便花；老旦想吃啥就吃啥，说姐请客。好像那1800元永远也花不完。

耍完回家，大丫悄悄告诉老妈：“玩得太开心，股票忘记卖出，又跌回去了。”

这两天，该玩的玩完了，大丫的股票也跌回去了，老旦有了过河拆桥的意思。今天，大丫使唤不动老旦，使出撒手锏：“你是不是不想去‘方特’玩了？”

老旦不屑，把嘴巴一撇：“哼，不玩就不玩，有啥了不起的，我才从环球影城和迪士尼回来，不稀罕了。”

这娃咋就不想着给自己留条后路呢！

四大名著混改

2022年7月20日 

老旦痴迷于四大名著，读得多了，就有了自己的想法。

老旦一边玩，一边嘴里念叨：“林黛玉倒拔垂杨柳，刘姥姥大闹天宫，金陵十二钗桃园结义，虎打武松，林黛玉、薛宝钗、贾宝玉三英战吕布，贾母征方腊，孙悟空初进大观园，唐僧师徒四人花草树木前盟，贾迎春背媳妇，孙二娘大闹五庄观，贾惜春拳打镇关西，巧姐怒杀阎婆惜……”

这是个啥？成心的吗？

老妈觉得曹雪芹、施耐庵等是不是要被气得活过来了。

梁山好汉不做布娃娃

2022年7月20日

老旦看书有个习惯：一定要一字一句地读，而不是一目十行地看。

老旦最近在读《水浒传》，读到108天罡地煞齐聚分工大列表时，老旦感慨万分："水泊梁山上什么做饭的、杀人的、看病的、管钱的、刺探军情的、刻印章的、养马的、算功劳的，干啥的都有，真全啊！"

随后吐槽："咋就没有做布娃娃的？"老旦对布娃娃情有独钟。

老妈乐了："大概梁山好汉们都不爱玩布娃娃。"

每个人读书的敏感点不一样，不同的阶段也会不一样。

扮演一次梁山好汉

2022年7月20日

老妈读书，老旦玩乐高。岁月如此静好。

老妈需要一支笔，懒得动，喊："老旦，去给老妈拿支笔。"

老旦无动于衷。

老妈灵机一动，咳嗽一声，学着《水浒传》中的人物，换了个腔调说道："目今需要取一支笔，哪位将军愿往？"

老旦腾的一下从地垫上爬起，对着老妈抱拳说：“小的愿意。”

腾腾腾，转眼工夫，笔就取来了。

老妈拿着腔调继续说：“将军辛苦。”

老旦来了兴趣，意犹未尽地说：“老妈，没玩够！”

这个要求不过分。

于是老妈又说：“本王需要抹伤口的药，哪位将军愿往？”

老旦立刻上前，躬身抱拳：“末将愿往。”

老妈也开始来劲了，顺便加码，说道：“将军速去速回，路上莫要耽搁。”

老旦转身就走，飞也似的跑去从冰箱里取来药。

老妈满意地说：“将军旅途劳顿，下去玩去吧！”

老旦躬身回道：“得令！”高高兴兴玩去啦。

老旦与作业的战争

2022 年 8 月 2 日 

参加完军事夏令营回来的老旦对武器装备、军队编制、作战方案产生了浓厚的兴趣。再加上刚刚读了《血战长津湖》，老旦居然结合自己身边的事物杜撰出一场战斗，并且一人分饰三角。

部下：“将军，我们被作业包围了！”

将军：“敌方有多少兵力？”

部下：“一个试卷师，一个作文旅，四个作业本轰炸队，还有一个数学军，一个英语旅，物理、化学各一个师，一个政治思想团，一个历史大刀连，一个地理观测组，一个生物调节班。”

将军：“我们的兵力有多少？”

部下：“一支中性笔，食物只能维持一天。”

将军：“算了，投降吧。”

传令兵：“等一等，将军！增援正在赶来的路上。”

将军：“多少兵力？”

传令兵：“一台 iPhone12 重型火箭炮，一个作业帮集团军，两个计算器重装作战师，五个答案野战团，十个解析冲锋旅，三个答案特战旅，一个辅导歼击连，一个重型作文书轰炸排，一名有道翻译官作战参谋长，一架小米电脑重型轰炸机。”

将军：“拿下！”

不错，还是很正能量的。

老旦版堂吉诃德

2022 年 8 月 12 日

老旦从小看老妈练毛笔字，看久了也跃跃欲试。老旦五岁开始学写字，够不着桌子，就搬个板凳踩着写。启蒙老师不住在同一个城市，隔段时间，老旦就想找启蒙老师再做指导。

这个假期也不例外，老妈和老旦专程去找启蒙老师学魏碑。

老师教写字，都是边示范边讲解，吃饱墨的毛笔在宣纸上切、翻之间，魏碑的方正拙朴一览无余。老旦跟着老师学着下笔如何“稳、准、狠”；笔画或字形的布局如何做到“疏可走马，密不透风”。老师讲的王羲之的“入木三分”，颜真卿的“力透纸背”，都给老旦留下了深刻的印象。

师父领进门，修行在个人。老师示范过后，老旦还要通过大量的练习来感悟和提升。

闲暇之余，老旦挥起苍蝇拍在院子里四处追着苍蝇打。老旦左突右奔，上下飞舞，犹如堂吉诃德把羊群看成千军万马，在羊群中混战；把风车看成巨人，和风车大战，老妈恍惚看到老旦打苍蝇的架势，如同巨型机器人，和空中乱飞的苍蝇战斗机机群战在一处。

老旦玩得不亦乐乎。时间长了，老妈就不太高兴了。

老妈有点生气地说：“我们千辛万苦是来写字的，不是来打苍蝇的，哪里还没有苍蝇了，不想写字，咱们就回家打苍蝇去。”

老旦不管，自顾自地打苍蝇。老妈就在后面不停地追着，搞得老旦连苍蝇也打不着。最后被逼急了，老旦诘问：“妈妈为什么不写？”

练字的人都有过这样的体会：怎么练也没有感觉时，不如放一放。

老妈赶紧解释：“我遇到瓶颈了，写也白写，等想明白了再写。”

老旦毫不留情地甩给老妈一句："Me too."

老妈无奈，只能由他。

写字比打苍蝇还好玩

2022 年 8 月 19 日

老旦像换了一个人。

不知为什么，老旦突然变得勤奋，写的字有了很大的进步，一张比一张写得好。老旦进入沉浸式写字模式，从早上九点写到晚上七点，肚子咕咕叫都舍不得停下笔，甚至为了挤出更多时间，中午只吃外卖，连苍蝇都没空打。

现在的老旦觉得写字比打苍蝇更好玩。前两天打苍蝇有多疯狂，这两天写字就有多着迷。老旦自己讲："写字也太爽了，这比去迪士尼玩一天有意思多了。"

今天早上老妈觉得老旦这几天很辛苦，于是，晚叫他起床半小时。结果，老旦不仅不领情，还和老妈大发雷霆。

仔细想来，做父母的适时选择放手，往往结果会更好。

回头看

玩和学习，谁是“大王”

老旦的小学就在我们家对面，步入初中后的老旦，时常会隔着马路，静静凝望那所充满回忆的小学校园，教学楼与操场仿佛还在诉说着往昔的故事。老旦说：“那时候，学校有丰富的选修课和课余活动，课间课后都洋溢着欢声笑语。在家与老妈拌嘴、和解，再拌嘴、再和解，生活充满了乐趣。五年级以前，学习只有三门课，还有和蔼可亲的老师相伴，那是我最快乐的时光。当时总觉得作业繁重，占据了玩耍的时间，让我倍感压力。如今回望，那时的作业真不算多，现在的作业才是真的繁重，恐怕未来也难以轻松。”

自小便将“玩”视为人生第一要务的老旦，视念书写作业为副业。万物皆可成为他的玩具，无论是睡觉、吃饭还是交友，都是为了更好地玩耍。在他心中，只要玩得尽兴，一切便能顺风顺水、和谐美满。谁若打断他的玩乐，便会成为他的“仇敌”，而我这个母亲，常常不自觉地扮演了这个不受欢迎的角色，也因此引发了不少争执。

其实，孩子的玩并非毫无意义。玩是孩子感知世界、理解世界的重要途径；玩，是一个窗口，它能够让孩子了解万物不同的色彩、形状与味道。学习，往往就是从玩中悄然开始的。遗憾的是，许多家长将“玩”视为浪费时间、消磨时光的行为，忽略了它背后的价值。

实际上，世界上没有纯粹的玩，只有不同效果的体验。玩的目的、感受与结果各不相同，因此其意义、价值与收获也千差万别。老旦写书法，起初只是玩，玩着玩着，便成了一门技艺；他喜欢滑雪，滑雪不仅是玩，更是对冬天美好的期盼；就连打游戏，也是在开发大脑。

我发现，会玩的孩子往往头脑灵活。因此，玩好能让孩子更快乐、更健康、更聪慧。只有玩好了，孩子才能更好地学习，不会玩的孩子往往也难以学好。当然，也有只学不玩的孩子，但那往往是因为他们不屑于玩，而非不会玩。我常常鼓励老旦，玩到极致，才能学到极致。即使他暂时无法体会其中的深意，但我相信总有一天他会恍然大悟。通过玩耍，触摸到极致的快乐，日后在学习生活中便能沉浸其中，钻研进去，从而捕捉到那份似曾相识的成就感。

DATE WEEK WEATHER

待

蓄力春泥

如同春日里默默积蓄力量的树木，老旦在日复一日的平凡中，开始养成影响一生的习惯与品质。这是基石，亦是灯塔，为他未来的航行指引方向。耐心与坚持的萌芽，在时间的滋养下，悄然生长。

老旦十岁啦!

2022年8月30日

一眨眼，老妈和老旦相伴同行了十年。

老旦早上一睁眼就给自己唱了一首生日快乐歌：“祝我生日快乐，祝我生日快乐……”

老妈问老旦：“生日快乐歌不都是别人唱给你的吗？你怎么自己唱给自己呀？”

老旦骄傲地说：“不必拘泥于那些细节，我一大早唱给自己听，能高兴一整天。”

晚上，吃蛋糕，许愿。

老妈玩心又起：“老旦，你最爱谁呀？”

老旦毫不犹豫地回答：“最爱我自己。”

对老旦的回答，老妈很满意，虽然实现这个目标并不容易。

人最应该爱的是自己，当然，这并不等于是自私。

因为爱自己，所以会爱自己的生命，爱自己的身体，爱自己的家人，爱自己的国家。

因为爱自己，所以要学会享受生活。生活的路从来都不会一帆风顺，物质不是全部，人生不能回头。累的时候休息休息，苦的时候放松放松，孤独的时候发泄发泄，无路可走的时候停一停。

祝老旦生日快乐！

这个暑假挺不错

2022 年 9 月 1 日

不知不觉，暑假就结束了。老妈和老旦一起盘点暑假的收获与进步，最后总结出以下几条。

1. 季羡林说："人成了人以后，就开始积累人的智慧，这种智慧如滚雪球，越滚越大，也就是越积越多。""人类千百年来保存智慧的手段不出两端：一是实物，二是书籍。""书籍是贮存人类代代相传的智慧的宝库。后一代的人必须读书，才能继承和发扬前人的智慧。"

书太伟大了，它是丈量世界的双腿，还是解决困难的宝贝。这个假期，我们没有安排出行，所以老旦在家疯狂读书。读世界地理后，老旦说："我最喜欢旅行。"读着世界地理，仿佛在周游世界。读完《长征》，老旦感慨道："自从遵义会议后，红军就从被动变为主动。以前是老蒋追着我们跑，后来是红军晃得老蒋摸不着头脑，不知道是要渡江还是要转移。看了书我才知道，毛主席用的战术好多来自《三国演义》。"

2. 学会与人相处，快乐会更多。拥有无敌嘴巴，走遍天下都不怕。去饭店吃饭，老旦学会了自己点餐，想吃啥点啥，不用老妈传话。脸皮厚是一种能力，不能怕麻烦，遇到不认识的路，或有啥问题就向旁边的路人寻求帮助。老旦看见身边有个小朋友把"谢谢""您"挂嘴边，大家都很喜欢他，连老旦自己都喜欢这么素质高的小孩。老旦也学着把“谢谢”“您”挂嘴边。老旦发现，不但自己啥都没少，还能给自己留下许多条路。

3. 感受到生命的无常和脆弱，要珍惜当下。老旦的一个朋友失去了爸爸，眼见朋友悲痛欲绝，那几天老旦也缓不过神来。通过这件事，老旦感受到生命的脆弱，似乎一夜之间懂得了要珍惜父母。好长一段时间，老旦对老爸和老妈都是各种关怀和照顾。

老妈总结道：“在假期，我们追求的不是说完成了多少作业，而是领悟了多少道理，增长了多少智慧，积累了多少人生阅历。知识涵养积累到一定程度才能春华秋实，人生蛰伏到一定时候才能破茧成蝶。”

各读各的书，各品各的味

2022 年 9 月 3 日

老旦和老妈经常会待在一起读书，各读各的。

老旦看见老妈津津有味地读《基督山伯爵》，好奇地问：“《基督山伯爵》讲的什么？”

老妈：“太宏大，等闲的时候慢慢讲给你听，先读你的《红楼梦》。”

老旦正在读《红楼梦》原版。刚开始不太懂，慢慢地，读出了感觉，渐入佳境。每每给老妈讲，女娲补天的石头剩下一块，英莲丢啦，黛玉进贾府啦，宝钗进贾府啦……

这一天，老妈问老旦：“你读《红楼梦》有啥感想？”

老旦：“我觉得他们就是每天闲的，太闲了。”

老妈无语。

老旦反问：“老妈，你读过《长征》吗？”

老妈不假思索地回答：“读过，你读过的书我都读过。”

老旦话锋一转：“那你读过‘米小圈’系列和《装在口袋里的爸爸》吗？”

老妈孤陋寡闻了，还真是没读过。

老妈又一次无语。

想给老爸准备生日礼物

2022 年 9 月 10 日 

最近一段时间，老旦对他爸各种花式关照。

老爸快过生日了，老旦想着给老爸准备一份什么样的礼物比较好，结果到最后准备的都是自己喜欢玩的拼插玩具。即使如此，老爸仍然很感动。爸妈都觉得，能主动想到给老爸准备礼物已经很不错了，毕竟孩子的世界和大人不一样。

老爸小时候也练过一段时间书法，只不过荒废了。老爸其实也喜欢书法，只是没有时间学习。老爸看见老妈和老旦热热闹闹地聊着天、写着字，很羡慕，老妈见状鼓励老爸提笔练字。但老爸写字并不得法，像个不会写作业的小学生，写起来很痛苦。老旦共情老爸，觉得老爸写字是被老妈逼迫。

这天，老旦开导老妈："我爸如果不喜欢写书法，我们就不要逼他了，做不喜欢的事，达不到愉悦身心的效果。我们选一件可以愉悦老爸身心的事让他做，比如爸爸喜欢唱歌，我们就鼓励他好好唱歌，爸爸想听歌，可以把'小爱'送给他。"

老爸听了很感动。老妈听了有点羡慕。

怕老爸失眠，老旦把自己的宝贝布娃娃"小胖"送给老爸，让老爸搂着睡觉寻找安全感。这下可把老爸感动坏了。老妈听着有点妒忌。

不过，老旦把老妈每晚对自己进行的睡前仪式原样复制给老爸，也复制给了老妈。老妈总算找到了些许心理平衡！

吵架，谁得利

2022 年 9 月 18 日

一家人天天待在一起，难免生出一些矛盾。老旦和老妈发生矛盾时总觉得妈妈有坏心思，搞得他心情不好；而老妈总以为老旦在故意和自己作对。

这天，老旦和老妈一起读书，老旦读《红楼梦》，老妈读《基督山伯爵》。

老旦感慨万千：“贾宝玉竟然嫌弃自己生在富贵家，否则早就和家境一般的秦钟成为好友了。”

老妈趁机说：“是啊，有些人总是身在福中不知福。”

老旦撇撇嘴，说道：“我知道你暗指谁了，我不说话了。”

隔了一会儿，老旦又自言自语：“宝玉和秦钟……”

老妈正看到书中的一句名言，很有感触，于是计上心来，大声念道：“不论是任何坏事，假如你想发现哪个是做坏事的人，第一条就得去发现谁能从那件坏事中得利。”

老妈看着老旦，问道：“咱俩闹意见吵架，老妈得利了没有？”

老旦回答：“没有。”

老妈开启忽悠模式：“咱们吵架搞得两个人都心情不好，可谓两败俱伤，并没有人从中得利，咱俩是一家人，不是敌人，以后不能吵架了。”

老旦点点头，说道：“知道啦。”

呵呵，这也行？！

后来，老旦和老妈再因为鸡毛蒜皮的事争得面红耳赤时，母子俩总能在最短的时间内握手言和，并相约不计前嫌。因为选择每人后退一步，我俩才能有机会坐下来，围着一张桌子，有说有笑、悠闲自得地吃冰激凌。

看见山楂就想乐

2022 年 9 月 19 日

楼下种了几棵山楂树。年年看着山楂树开花结果没什么感觉，直到有一天，发现四颗青青的果儿挤挤插插地挂在一起，像极了甜甜蜜蜜的四口人。特别是等到山楂成熟时，满树一簇簇的果儿更像是一户户的人家：三口的、四口的、五口的、六口的，热热闹闹，红红火火；两颗果儿的相依为命；一颗果儿孤孤单单。

老旦总是在果儿还没成熟的时候时不时随手摘一颗扔着玩、踢着玩，老妈很心疼，跟在老旦屁股后面骂。

老妈拍山楂果儿的照片，只选四颗一挂的照，老旦问为啥。老妈说山楂果儿像热热闹闹的一家四口。听了老妈的话，又瞧瞧树上的果儿，老旦恍然大悟，也给老妈满树找“四口之家”，这棵树没有就换棵树找，还专找果儿个头最大、最饱满的。

老妈说：“可惜呀，今年山楂红的时候，姐姐去外地上学了，我们家只剩了三颗果儿。”

老旦：“说是三颗，其实只有老妈你和我两颗果儿在一起呀，老爸总是忙工作。”

呵呵，我们家的老旦成了“多愁善感旦”。

老妈宽慰：“不急不急，等明年秋天山楂树挂果染红的时候，咱们又是红彤彤的热热闹闹的四颗果儿。”

从此，老旦再也不摘山楂果了，常常指着一串串的果子说：“妈妈，这里是一家四口，这里是五口之家，这家有六口人，这棵山楂树上有好多的家庭，好多的人口。”老旦想玩果子的时候就从地上捡树上掉下来的，老妈见了笑话他：“你不怕这颗山楂果在狗尿里泡过呀！”老旦听了像手指头被扎了一样，立马扔掉。

老妈捂着嘴乐。现在老妈看见山楂就想乐。

半山腰的幸福

2022 年 9 月 25 日

周日午后，老妈在自己的房间读书，老旦则在自己的屋里继续拼皮卡丘。老妈想看着老旦玩，于是盛情邀请老旦到自己的房间里玩。

老旦搬来了他的玩具，铺了一地，然后坐在地上玩起来。

老妈看到一篇关于尼采的文章，于是边看边和老旦聊。

尼采说：“一个人知道自己为什么而活，就可以忍受任何一种生活。”

老妈：“往小处说，老旦知道学习是为自己而学，往大了说是为了国家民族而学。如果心里老想着是给爹妈学，给老师学，谁会努力学习？可能只有傻瓜才会去学吧？”

老旦立刻表白：“我不傻！我要努力学习，以后我还要让我的孩子去环球影城和迪士尼呢，我要让他们想啥时候去就啥时候去。”

老妈听后笑得肚皮疼。

尼采说："别爬上山顶去，也不要站在山脚，从半高处去看，这个世界真美好。"

老妈问老旦："知道咱们家这栋楼共几层，咱们家住在几层吧？"

老旦："咱们家住在这栋楼的半腰处。呵呵，我们每天看到的都是最美好的风景。"

生活多幸福！

尼采说："每一个不曾起舞的日子，都是对生命的辜负。"

老妈说："应该过好每一天，不虚度。"

到了晚上，老旦和老妈继续一起看书、玩耍。老妈这次给老旦讲的是《百年孤独》，这已经不知道是老妈讲的第几次了。

老旦还记得老妈讲过的长猪尾巴的小孩，吃泥巴的小女孩，吉卜赛人的磁铁、冰块，十七个儿子的死。

老妈说："每个人从生到死都是独自的一个人，独自出生，独自成长，独自死亡，独自痛苦，家人的陪伴只是暂时的，要学会与孤独和解，学会自洽。"

老妈讲得滔滔不绝，接着说："你看，前天晚上，你在被窝里为自己无助的、既定的周末哭泣时，老妈却没有过去安慰你。"

老旦表示理解，承认自己在孤独的哭泣中睡着了，丝毫不影响第二天该干吗干吗。

是老妈想多了吗？

这个周日，老旦和老妈都很愉快。

忘性大分很多种

2022 年 10 月 4 日

也许是年纪大了，老妈忘性越来越大。说话的时候不能被打岔，否则瞬间忘记了下句要说什么；很多常用且简单的字，提笔却忘了该怎么写；兴冲冲地去厨房取东西，到了厨房却忘记要取啥，还得回到原地回忆一下。

这些事被老旦撞见，时不时拿来取笑老妈，并且说他自己也忘性大，这点肯定是得了老妈的真传。

国庆刚放假时，老旦喜滋滋地说作业真少，很快就写完了。老妈一直纳闷，作业怎么会这么少呢？结果，老旦开开心心玩了两天，又说无意中发现自己漏看了一页记下的作业，而这张纸上记满了作业。不管是真是假，老旦又安安静静地写了两天作业。

老旦这几天正痴迷于《基督山伯爵》，读得非常投入。

老妈看老旦读书好久也不抬抬头，就给他洗了苹果让他吃，想让他休息休息眼睛。结果老旦把苹果接到手里，又顺手放到了一边。

过了一会儿，老妈问：“苹果吃完了吗？”

老旦不耐烦地说：“我读书呢，别打扰我！”

老妈试探性地提醒：“该写字了。”

老旦轻描淡写地说：“爱德蒙正在黑牢里撞墙呢，快抑郁了。”

一会儿老妈又催：“苹果吃完了吗？”

老旦："吃个苹果也催催催，我要是忘性大，十个苹果都让你催进肚子里了。"

他这会儿又有记性了。

老妈给老旦解析："老旦，忘性大分很多种，我的忘性大属于生理性，而你的忘性大具有策略性、选择性。我们俩的忘性大有本质的区别，以后再别说你的忘性大随我。"

老旦听了呵呵直乐。

要月亮还是要六便士

2022 年 10 月 10 日

老妈最近在重读《月亮和六便士》。老旦看见了问这本书的书名是什么意思。老妈翻到序言部分与老旦共享："六便士是英国价值最低的银币，代表现实与卑微；而月亮则象征了崇高。两者都是圆形的，都闪闪发光，但本质却完全不同，或许它们就象征着物质与精神、现实与理想吧！"

读完这句，老妈试探性问老旦："如果这两样东西摆在你面前，你会如何选择？"

老旦毫不犹豫地说："我选六便士。"

老妈伸出手和老旦握手："呵呵，我也选六便士。"其实不管老旦选哪个，老妈都要和他握手。

老旦兴冲冲地又补充道：“月亮在天上看看就行了，六便士代表的可能是面包，一个六便士可能买不下一片面包，那也能买个面包渣，几个六便士也许就能买下一片面包了。月亮？来几个月亮披在身上，有啥用？”

看来，当下的老旦是超级现实主义者。

老妈补充：“人是会变的，也许有一天，你也会像书里的主人公一样，放弃六便士，去追求月亮，去追求那个象征遥不可及的高远的梦想。”

老旦想了想，问：“老妈知道这本书写了啥吗，好看吗？”

老妈深有感触：“好看，我读过，因为好看，我才愿意再读一回。”老妈边说边翻开书让老旦看自己从前阅读时留下的标记。

老妈告诉老旦：“这本书算是印象派画家高更的传记。”

老旦：“高更是谁？哦，就是梵高的那个朋友吧。”

老妈吃惊地问：“老旦，你还知道梵高？”

老旦一脸疑惑：“老妈，你忘了吗？你曾给我讲过高更的《梵高的椅子》。”

老妈：“哦，忘记了。老妈的记性确实不咋地。”

老妈又说道：“这本书好看，但好像不太适合你这个年龄，你更适合读《堂吉诃德》，我重读的过程中会讲给你听。”

老旦一副了然的样子。

吃蛋糕，传家风

2022年10月11日

老爸过生日啦！

难为老旦了，想吃蛋糕，但老爸一直没回来。老旦一会儿去冰箱看看蛋糕还在不在，一会看看蛋糕化了没有。

一直到快睡觉的时候，老爸终于回来了。老旦顿时欢天喜地，赶紧把给老爸的生日礼物摆出来，除了蛋糕，还有一个自己动手做的书签，以及前一段时间加班加点拼插好的皮卡丘和一大堆流体熊。

书签的特别之处是上面写着一句话：做一个奔跑的人。这是老爸曾经给老旦讲过很多次，是二十多年来激励自己前进的座右铭。

流体熊全是老旦的最爱。这老旦是得有多爱老爸呀，等于把自己的全世界都送给了老爸。

送完礼物开始点蜡烛、许愿、吹蜡烛、吃蛋糕。看着老旦吃得一副心满意足的样子，老爸开始不紧不慢地说道："这么多流体熊，得起名字，要不就搞混了。都取什么名字好呢？"

老妈看出来了，老爸又要对老旦开讲。老妈很好奇，这一次"不知不觉的渗透，惊天动地的改造"是什么样子。

老旦："老爸，您的生日礼物您说了算。"

老爸说："我先代表我爷爷取一个名字，叫'吃亏'。我的爷爷经常说，便宜要别人给，不能自己去要。我的爷爷是一个拄拐棍的老爷爷，他腿脚不方便，一个人在村子里，生炉子、搬炭都很困难。即便如此，他还是过得很快乐。他经常把自己的好东西分给别人。因为他愿意吃亏，所以总有人来帮助他。”

老旦：“那下一个名字，是不是该我爷爷取了？”

老爸说：“对。你爷爷要取的话，肯定叫‘吃苦’。为什么呢？因为你的爷爷是个苦命的孩子。九岁的时候，他的母亲就去世了，他的父亲在外学徒打工，他一个人在村子里跟着自己的伯伯长大。在这样困难的条件下，他还刻苦学习，最后考上了大学。”

老爸接着说：“他上中学的时候，因为要走很远的山路，所以一周只能回家一次，饭食是自带的一篮子窝窝头。那会儿山上有狼，很多孩子的家长舍不得让他们吃苦就不让去上学了，所以和他同行的同学越来越少。到最后，只剩他一个人翻山越岭地去上学。好在苦心人，天不负，他终于考上大学了。”

老旦：“那老爸你是不是也要给流体熊取名呀，我可以多给你名额。”

老爸意犹未尽，说：“能不能给我三个名额？”

还没等老旦回应，老爸就不紧不慢地说：“我这三个流体熊，猩红颜色的叫‘有恒心’，长得乱七八糟的叫‘耐烦’，特别精致的叫‘专业’。爸爸这几十年全靠这三点，才能有现在的好生活。”

老爸做出一副遗憾的样子，说道：“不过，爸爸肯定还没完全做到这三点，效率还有待提高，否则也不用老加班到很晚才回家。当然，我爷爷和你爷爷传给我的吃亏和吃苦，我也一直牢记在心。”

老妈也赶紧说："我能不能也取个名字？一个叫'动脑（筋）'，一个叫'惜命（爱惜自己的生命）'，或者叫'责任'和'担当'？"

老旦听了笑话老妈跟着凑热闹，却不知道已经掉进老妈的"陷阱"，抢答道："叫'担当'吧。"

这个生日蛋糕，硬生生吃成了一节人生课。

定制发财梦

2022 年 10 月 12 日

睡前，老旦又拿出《基督山伯爵》读起来。

看到邓蒂斯找到他的宝藏的时候，老旦兴奋地一字一句读给老妈听："一把把的红宝石、钻石和珍珠，整块整块的金子！"

老旦手舞足蹈，读得唾沫横飞。

老旦被催促再三才关灯睡觉。他央求老妈在他的屋里点支沉香，因为他想快速进入睡眠状态，做他的发财梦。

第二天早上，一睁眼，老旦就说："老妈，我梦见啦，我发现了宝藏，能闪瞎眼的一把把的钻石，整块整块的金子……"说完又继续读他的"伯爵"。

老旦曾经有好长一段时间沉迷于《装在口袋里的爸爸》，幻想着把自己的老爸也装在口袋里。现在老旦又一次沉迷读书，并且意味深长地说：“这书读着比《装在口袋里的爸爸》刺激多了。”

老妈笑话他：“你这才拉开了个序幕，好戏还在后头呢。”

人们常说：你做梦吧！意指实现不了的事。世界上的事没有比做梦更具有不确定性。弗洛伊德和荣格也只是解析梦；电影《盗梦空间》能设计梦，但那毕竟是电影；像老旦这样，梦都能定制，还有什么实现不了的。

老旦学医，家人受益

2022 年 10 月 16 日

老旦跟着大爷学中医，学着守护家人。

这是老旦第一次以旁听生的身份走进大爷的诊室。大爷诊病时，诊桌旁已经坐了几个穿白大褂的年轻大夫和实习学生，老旦进去见状悄悄搬了个板凳坐在大爷旁边。

老妈从门缝看了几回，发现小小的老旦一直在竖着耳朵认真地听，两只大眼睛不时看看大爷，看看病人，再看看开的方子，煞有介事。

第一次旁听出诊回来，老旦就对姐姐喝中药调理身体时还吃辣椒，而老妈坐视不管这档子事，表示不满意。

老旦语重心长地说：“老妈呀，这事你得管呀！”

老妈无可奈何，翻着白眼说：“管不动。”

老旦就打算亲自和大丫讨论。

老妈生病了，发热出汗，还总嫌弃自己汗津津且臭烘烘，嚷嚷着要洗澡。

老旦适时地开解："大爷说了，生病的人尽量别洗澡，我不嫌老妈臭。"

老妈听了觉得有道理，顿时觉得自己没想象中的臭，也能忍受了。

老旦是个有心人。常听爸妈说年纪大了血脂高，这次旁听回来就告诉老妈："大爷说了，血脂高不能喝鸡汤、鸽子汤等各种汤，鸡肉、猪肉要少吃。"

老旦还给老妈讲病例，比如女孩子不来月经啦，女人整容失败导致抑郁啦，肾衰啦，中风啦，喝酒喝得胃出血啦，睡不着觉啦，等等。每一个病人都是一个故事。

老妈眼瞅着老旦从一无所知到爱上中医，并从中认识人生百态，倍感欣慰。

能出手时就出手

2022 年 10 月 22 日

老旦和老妈下楼玩，出电梯的时候，眼瞅着一个拉着一拖车桶装水的送水工快被夹在单元门口了。

老妈吆喝老旦：“快，紧跑一步。”

老旦心领神会，老妈话音未落，他已经跑过去帮忙抵住单元门。小伙子如释重负，顺利地把一车水拖进了单元门。

小伙忙不迭地向老旦表示感谢，老旦笑着摆摆手说：“举手之劳，举手之劳。”

出门后，老旦一路上蹦着跳着，收获到别人的感谢，老旦的心里一定美滋滋的。

果然，赠人玫瑰，手有余香。

老爸的账，追到老妈头上

2022 年 10 月 22 日

老旦管老妈要 70 元钱。

老妈感到莫名其妙，问：“为什么要给你 70 元钱呢？”

老旦理直气壮地回答：“老爸欠我的两个月的衣柜和衣架的租金。”

事情是这样子的。老爸因工作需要，总是穿衬衣。有一天，老爸说衬衣和其他外套挂在一起显得杂乱无章。说者无心，听者有意，老旦认为自己的衣柜很宽松，整合一下后，能空出整整一格。这块地方空着也是空着，可以贡献给老爸使用，前提是老爸每月要支付租金30元。

老爸觉得不算贵，痛痛快快地答应。

老爸有时候回家，偶尔把外穿的衣服脱下来挂到了老旦的衣架上。老妈批评老爸乱挂衣服的行为，老旦适时替老爸开脱：“没事，没事，让我爸挂吧！前提是每月需另外支付老旦5元钱。”

老爸觉得方便就行，又痛痛快快答应。

这事老爸肯定答应之后就忘记了，老旦可是一笔一笔记得清清楚楚。现在老旦要收租子了。

老旦跟老妈说：“现在老爸欠我两个月的衣柜租金和衣架租金，合计70元钱，你替你老公支付一下吧。”

老妈纳闷：“你的衣柜已经出租有两个月了？这么快？”

老旦：“我一天一天地掰着手指头算着日子的，肯定到两个月了，不信，我给你算。”

老妈又问：“就算到日子了，怎么不找你爸要？”

老旦解释：“我平时啥也不缺，想不起来找我爸要钱。现在忽然想买点东西，我爸不在，你们俩是一个经济核算单位，找你要是一样的。”

老妈拒绝道：“哼哼，冤有头债有主，谁欠的债谁还。”

老旦二话不说，立刻要下老妈的手机，给老爸打电话：“两个月衣柜和衣架的租金共70元钱，你老婆说了，冤有头债有主，她不替你还债，你给我老妈的手机转70元钱，我从她这儿花吧！”

老爸对老旦一贯言听计从，真的乖乖地转来 70 元钱。

老旦转身就拿着老妈的手机去便利店买了一盒自己爱吃的巧克力。

哈哈，如此父子。

现在的老旦喜欢安定

2022 年 11 月 6 日

好男儿志在四方。从老旦出生起，老妈就认定老旦未来肯定是个好男儿。于是，老妈的心里有成千上万个设想，一直憧憬着老旦的未来。

每个人的未来，都承载着自己的梦想。老妈曾多次探寻老旦对未来有什么想法。

有一次，老旦说：“妈妈，我从小生活不定，有时跟着你们，有时不跟着你们，有时候在这里，有时候在那里，一家人有时候聚，有时候分开，也许长大了我哪里也不想去，就在家安安稳稳、太太平平地生活。”

老妈的成千上万种设想里从来没有这种选项。

人都会这样：漂泊久了渴望安定，一成不变的人向往改变，离乡背井的人想回家，久居在家的人又想出门。

突然想起奥地利心理学家阿德勒的名言——幸福的人用童年治愈一生，不幸的人用一生治愈童年。

老旦的童年虽然不太安稳，但还算幸福，应该不需要用一生的平静来治愈。老旦还小，未来可期。

想到这里，老妈突然开心许多。

老旦版“愚公移山”

2022 年 11 月 8 日

下周就要期中考试了，不知道是不是此前老妈随口给老旦定下的考前五的目标，成了老旦的学习压力或者是动力，老旦学得很刻苦。怕老旦累着，老妈告诉他目标是随意定的，不作数。

老旦拧着眉毛，愤愤地说：“早说呀，早说就不这么费劲学习了。”

说是这么说，老旦学习劲头照旧。

老妈看老旦学习很辛苦，就想带他出去放松放松，撩拨道：“走，买自行车去，想要哪种买哪种，粗轱辘的那种行吗？”

老旦不予理会。

老妈试探性地问：“难不成，你想期中考进前五送给自己？”

老旦：“对啊，期中考不进前五就期末考，期末考不进就下学期，啥时候考进前五啥时候买。”

哎呀，这是老旦版的“愚公移山”。

互相套路

2022 年 11 月 10 日

放学回家，老旦迫不及待地对老妈说：“今天有一个好消息，有一个坏消息，老妈，你想先听哪一个？”

坏消息肯定是考砸了，好消息肯定是考好了，这个猜也能猜到。

但为了迎合老旦，老妈还是装作既紧张又期待的样子，说：“我打算先听听坏消息。”

果然，老旦毫不愧疚地说：“考砸了。”

老妈问：“那好消息呢？”

老旦骄傲地说：“数学考了全班第一。”

老妈：“难道是得了 100 分？”

老旦摇摇头，说：“我有一道题，计算结果忘写单位了。”

这个第一并不完美，老旦的这个套路不好使。

过了几天，期中考试成绩出来了，老旦腻腻歪歪，不想让老妈知道结果。

老旦的那点小心思老妈比谁都清楚：考好了追着老妈显摆，两片小眉毛能长上翅膀飞上天；考砸了肯定是藏着掖着，眉眼低垂不想见人。老妈通常都能根据老旦的表现判断出考砸的严重程度，如果真想知道结果，拐弯抹角也能套出个八九不离十。

但是老妈从来都不为难娃，俗话说得好：“胜败乃兵家常事。”考好咱可以眉开眼笑，考砸了也用不着痛哭流涕，关键在于尽力就好。

当不当小组长

2022 年 11 月 16 日

老旦在班上的座位忽前忽后。

新学期开始坐最后一排，原因是暑期作业没好好写。过了一周，坐到了第一排，因为各方面表现好给小组挣下了学分。网课结束返校又坐到最后一排，因为网课期间只顾着玩，一个人不好好写作业拉低了小组的分数。隔一周又坐到了第一排，据老旦说，是因为他一个人的学习成绩给小组挣了 80 多分。

现在老旦的学习成绩排小组第一，同组的三个同学非让老旦当小组长。老旦为了推辞小组长这一重任，声称自己的考试选择题都是掷橡皮掷出来的，结果被同学揭底："你根本没橡皮。"

老旦回家征求老妈的意见，老妈毫不犹豫地说："不干呀，你自己写作业不自觉，怎么管别人？"

老旦又去咨询老爸，老爸则慢条斯理地说："可以当几天试试。因为当小组长的话，你就得研究别人，不能光是研究自己；如果永远不当小组长，就永远不会研究别人。研究人也是门手艺，得从娃娃练起。每多研究一个人就多打开一扇窗户。现实比小说精彩多了。"

老爸讲道理，浅显易懂，老妈望尘莫及。

老旦综合了老爸和老妈的意见，只接管学习方面的工作，其他工作还归原组长负责。

小孩子的世界，呵呵。

想吃方便面

2022 年 11 月 22 日

老旦想吃方便面，不小心说漏了嘴：“老妈，你出差那周我和爸爸还煮方便面吃了。”刚说完，老旦立马捂着嘴巴，倒吸一口气，眼睛里满是露馅后的悔意。

老妈觉得方便面没营养，一般不让家人吃，尤其不让老旦吃。

“哼，老妈不在家你们挺快活呀，天天盼望我出门，是吧？瞧你俩那点儿出息，倒是偷吃点儿好的呀！想吃方便面自己煮去吧。”老妈说道。

老旦得了令，高高兴兴地去了厨房。先从开火学起，接着烧水、打鸡蛋、下面、放调料包，老妈一步一步指挥老旦操作，想吃方便面的老旦很有动力。

成品不算惊艳，但老旦说吃得快撑死了。

老妈打趣：“一袋方便面能吃撑死？”

老旦有点害羞，答道：“人家好不容易吃一回，所以煮了两袋方便面，还卧了两个鸡蛋！”

嘿，该说啥好呢！

帮老妈认字

2022 年 11 月 23 日

老妈小时候不认得“揩”，揩油的“揩”，也一直没查过字典，所以按形声字念“皆”，这一念就是好多年。今天读书碰到这个字，为了不让老旦犯老妈曾经犯的错，老妈教老旦认这个字。

老旦说：“这个‘揩’字和‘楷书’的‘楷’有点像，老妈你天天写楷书，咋忘记了？”

老妈细想想，对呀，自己咋就从来都没想到啊！老妈感慨万分：“感谢老旦，今天老妈可‘揩’了你的油啦。”

老旦有点儿腼腆：“若说起揩油，我都快把老妈揩干啦。”

老妈轻描淡写地摆摆手：“不至于不至于，老妈这几十年练就的糙皮厚肉，还是能经得起你揩的。”

老妈总结：“不要把小孩子当小孩子，他只是在年龄上不及大人。”

老旦和老妈的互敬互爱，无处不在。

做梦上瘾

2022年11月25日

《基督山伯爵》这本书采用多线叙事的手法，主线故事与多个副线情节描述同时展开。这种主次穿插的手法，使老旦读得很辛苦，几次都想放弃。在老妈的多次鼓励下，老旦终于熬过了副线的陈述，和主线基督山的复仇重合，进入快速阅读状态。老旦读书读得废寝忘食，如醉如痴。

晚上老妈再三催促，老旦才合上书准备睡觉，临睡前还煞有介事地叨叨：“今晚我肯定能梦到基督山伯爵，他会到梦里给我一颗钻石。”

老妈呵呵一乐：“祝你做梦的本事登峰造极，想啥有啥，最好在梦里也把老妈带上，也给老妈分一颗钻石。”

第二天，老旦一睁眼，就遗憾地向老妈汇报：“哎，我没有梦见钻石。”

老妈忍不住想笑，但看见沮丧的老旦，鼓励道：“老旦，梦是反的，梦里得不到，意味着你在未来现实中通过努力肯定能赚到！”

老旦听完，眉开眼笑，继续读他的书，并且自言自语：“我老爸是上零山人，我长大了也要给我爸写本书叫《上零山伯爵》。”

老妈听见这句话，差点没憋住笑声。怎么又扯到了想给老爸写书？老旦才读了几本书，就立志长大要给老爸写书？希望老旦所有的梦想都能实现。

确实是亲生的

2022年12月1日

这段时间一直在家。老旦在家待久了，屋子里一片狼藉，老妈气不打一处来，盼望有人能把老旦的房间打扫整理一下。老妈是绝对不能再踏进老旦的屋子半步，以免扔东西时把他也当“垃圾”一起扫地出门。

可恨的流体熊生产厂家，他们咋就没想到，小孩子会把颜料撒到桌子上、地板上，变干结痂；还有饼干生产商，应该早早预见到，小孩子钻进被窝吃饼干，会掉下无数饼干屑；还有水彩笔，谁家孩子能用它画得床单上到处是红红绿绿的颜色；还有该死的牛奶，洒得到处都是；还有东倒西歪的书本，乱七八糟的铅笔、碳素笔……

一想到这些，老妈快被气糊涂了，只好安慰自己：自己亲生的娃，自己受着吧。屋子就是让人住的，想咋住就咋住吧！至少四墙还在，没被拆了。

老旦在网上学英语时，看见一张图片，图片里的小孩的房间杂乱无章，还有一地的垃圾。老旦特意截了一张图给老妈看，并得意扬扬地说：“看，小孩子都是这样。”

哎呀，这火刚下去，又被老旦卷起来了。

隔三岔五不想写作业

2022 年 12 月 16 日

好久没有关注老旦的学习情况了，老妈今天心血来潮，突然想看看老旦的学习情况：“老旦，我知道你数学一直学得不错，我就不管了。来，把语文和英语练习册拿来我瞧瞧。”

又是老套路，老旦说找不到练习册了。

老妈强压怒火：“老旦呀，你这些都是当年我玩剩下的。”

老旦一听，赶紧识趣地从柜子里找出两本练习册。

果然有猫儿腻，课程都快结束了，语文作业和英语作业，一本落下很多，另一本被落下得更多。

老妈心里憋着一口气：“这个就是你最近学习的成果？你不告诉我应该写到哪里，我自己问老师。”

老旦嘤嘤地哭着，跟在老妈屁股后面：“老妈，你打我吧，别问老师。”

老妈得理不饶人：“不写作业时就应该预见到会有现在这个结果，敢做就要敢当，不然就别做。我才不打你呢，现在是你犯错了，我有理在先，我要打了你，成我犯错了，回头我又后悔死了，我傻呀。”

看看老旦的表情，老妈知道一切尽在自己的掌控之中，于是决定退让一步：“我也没有打算问老师作业，咱们在家好商好量地把问题解决就行了。”

老旦自认理亏，赶紧点头。经过母子俩的不平等协商，十几分钟后老旦进入补英语作业模式，唰唰唰，没用多长时间作业就写完了大半。老妈嗔怪老旦：“这么快就要写完了啊，之前为啥不完成作业？”

老旦言辞犀利，一针见血：“懒呗。”

这个定位很准确。

长长长

2022 年 12 月 18 日

小孩子自我成长的过程中也有领地的意识，不知道什么时候，老旦把整个家都归到了他的领地，在这个家里，老旦“称王称霸”。

晚上，老旦正准备睡觉，发现客厅的灯亮着，原来老爸又躺在按摩椅上按摩。老旦不高兴了：“一白天你不‘长’，非要等着我要睡觉长个子了，你也‘长’！”

此“长”非彼“长”也，我们称老爸坐按摩椅是“长”在上面。老爸常常是坐在上面几分钟就睡着了。

接下来，老旦鼓起如簧之舌，继续演讲：“我不长个子不要紧，无非将来个子小；我个子小不要紧，无非找不到好媳妇儿；找不到好媳妇儿不要紧，无非给你们生不下好孙子；生不下好孙子不要紧，可咱们老张家的香火咋办！”

听到这里，老爸躺不住了，立刻从按摩椅上蹦下来，一脸谄媚，讨好道：“这个问题太严重了，上床！关灯睡觉！”

互有胜负

2022 年 12 月 21 日

老妈和老旦互相调侃、斗嘴是每日必做的功课。

老旦写毛笔字前，需要先把写字的纸叠成 4×10 的格子，有时候老旦为了少写 8 个字，经常会叠成 4×8 的格子。

今天老旦练字的时候老妈看也没看，就不客气地妄下断论：“又叠成了 4×8 的格子，故意的吧？”

被无端猜测的老旦不服气：“哎呀，我就不能犯个错？我犯错是故意，您犯错就是不小心。”

老妈笑里藏刀：“您这么聪慧，怎么会犯我这样的低级错误！”

老旦反唇相讥：“您就是墨子，自己生病，是着凉了；别人生病，是上天的惩罚。”

好嘛，“您”来“您”去的，老妈最终也没有赢了老旦的嘴巴，只好闭上了嘴巴。

过了一会儿，老旦挺直胸脯，得意地说：“让您失望了，我叠的是 4×10 的格子。”

老妈又被老旦套路，真是输了嘴巴，又输了脑袋。

又过了一会儿，得理不饶人的老旦继续吐槽：“我最烦老妈两件事，除了批评人还是批评人。”

老妈立刻回怼：“老妈也最烦你两件事，一是不穿衣服，二是随手乱扔东西！”

老旦听了，不敢恋战，闭嘴写字。

年终总结

2022 年 12 月 31 日

晚上，老妈请老旦总结一下 2022 年的收获。

老旦说：“我踏了海，转了环球，玩了迪士尼，还学会了滑雪。”

老妈总觉得缺点啥，问：“就这些？”

老旦斩钉截铁地说：“就这些了。”

老妈试图引导一下：“全是玩的，没有其他方面的收获？”

老旦终于又想到一条：“我的书法写得越来越好了。”

老妈又问：“完了？”

老旦毫不含糊：“完了。”

小孩子对过去一年的记忆就是玩、玩、玩，玩得越高兴记忆越深刻，而学习，只是按部就班和一成不变。

回头看

急于求成，不如静待春来

如果将做父母视为一份职业，那它无疑是世界上“被迫就业率”最高，且性价比最低的职业之一。它不仅消耗金钱，更需要倾注无数的心血、时间与精力。即便如此，父母们也鲜有人“辞职”。

作为父母，孩子既给我们带来了无尽的快乐，也伴随着诸多煎熬。其中的酸甜苦辣，唯有父母自己最为深知。家长们时常聚在一起，交流育儿经验，互相慰藉，但更多的是满腹牢骚，少有心平气和之时。正如家家有本难念的经，每个家庭都有个让人头疼的孩子。

身为母亲，我曾在心中为老旦描绘了一幅美好的前程画卷，期待他成为众人眼中的神童。无论他的兴趣在哪个领域显现，我都会立刻在心中勾勒出新的蓝图。然而，随着老旦的成长，我渐渐发现，他的成长轨迹与我的想象渐行渐远。更让我难以接受的是，当我看到其他孩子似乎正按照我为老旦规划的道路前行时，焦虑感油然而生。

这种焦虑不仅伤害了我自己，更波及了老旦。我们之间的冲突不断升级，直到老旦的爸爸出面调解。他指出，我对孩子的期望过高，陷入了“既要、又要、还要”的怪圈。我开始反思，逐渐意识到问题并不在老旦，而在我这个急于求成的母亲身上。我没有理解孩子的成长规律，总是按照自己的意愿去塑造他。

于是，我尝试着回归内心的自在与潇洒，摒弃那份自私的功利心，放下对孩子的成见。我开始静静地陪伴他，耐心地等待他的成长。慢慢地，我发现老旦又变得可爱、睿智且识大体。孩子的天真无邪正是他们的可爱之处，我们喜爱孩子那双清澈透明的眼睛，因为那代表着纯真与无邪。如果孩子过早地背负了太多的压力，双眼便会失去原有的光芒。

正如《爱弥儿》中所言：“你看见他无所事事地度过了童年的岁月，就感到惊奇！唉！难道让他成天高高兴兴的，成天跑呀、跳呀、玩呀，就是一事不做、浪费时间吗？”孩子的成长有时就像动物的冬眠、植物的蛰伏，虽然表面上看似毫无变化，但实际上他们正在为将来的成长积蓄力量。

因此，与其急于求成，不如静待春来。育儿之路需要耐心与智慧，让我们陪伴孩子一起成长，共同迎接每一个清晨和春天。

DATE WEEK WEATHER

思

破茧智启

老旦开始有了真正的烦恼，而且是父母无法帮他解决的烦恼。老旦开始尝试在困境中寻觅光亮，用积极思考的钥匙，解锁独立解决问题的新技能。每一次努力与反思，都是心智成长的阶梯，引领他一步步迈向前方，成就更加独立与自信的自我。

痴迷于写春联

2023 年 1 月 9 日

老旦对写春联这件事很上瘾。过年可以不买新衣服，但是不能不写春联。把写好的春联送人，老旦的心里美美的。

早上醒来，老旦高兴地说昨晚梦见自己成了大书法家。为了让梦想成为现实，老旦起早贪黑，除了吃饭，不停歇地写春联。

老妈抱怨老旦冷落了自己，老旦自言自语：“没办法呀，我看见红纸就激动，拿起毛笔就想写，毛笔在红纸上划过的沙沙声，太让人陶醉了。”

于是对联纸补了一批又一批。

我的娃呀，谁家能有这么多的门，用来贴你写的春联呢？老妈敢想不敢说。

老旦在屋子里写春联时，不让老妈进屋。老妈扒着门缝，请示：“我能不能看会儿电视？”

老旦想都没想，说：“能呀，我关上门，就吵不到我了。”

过了一会儿，老旦拿着写的“福”字，来让老妈把把关。老旦发现老妈在看书，诧异地问：“您不是说要看电视吗，怎么没看呢？”

老妈回话：“大好的时间还是用来读书好，我就是想考验一下你，看看你写字的时候，能不能容忍我享受。”

老旦以为老妈怕吵到他，贴心地说：“你看吧，不影响我。”

老妈算算时间，离过年还有十来天，老旦要照这个速度写春联，老妈往外送春联可是个大工程。是不是得想个办法让他少写点呢？

成了“金庸迷”

2023 年 1 月 23 日

读完基督山的复仇记，老旦还沉浸在读书的快乐中，就追问有没有中国版的《基督山伯爵》。

老妈立刻说：“有。”

老旦一脸期待：“哪个？”

老妈开玩笑：“《上零山伯爵》。”

老旦顿时懒得搭理。

老爸趁机掉书袋：“在中国，有一类小说叫武侠小说，几乎每个中国人或多或少都读过几本武侠小说。有人称《基督山伯爵》是西方式的武侠小说。金庸是中国武侠小说代表作家之一，他写作也受《基督山伯爵》的影响。其中，《连城诀》也是写的一个受了冤屈被关到监狱的人，从狱友那里学到了绝世的本领，出狱后守护亲人，向敌人报仇的故事。金庸的很多小说都深受大家喜欢，比如《射雕英雄传》《神雕侠侣》和《鹿鼎记》，人们常提的杨康、王重阳，就是《射雕英雄传》中的人物。”

老爸对武侠小说的熟识度远远高于老妈，老爸给出了阅读方向：“欲知杨康、王重阳为何方神圣，得先从《射雕英雄传》开始。”

我们家的书被老旦和大丫分得清清楚楚。这二十多年，书攒下不少，《金庸全集》就是其中的一套经典藏书，已经被大丫先下手为强，早早据为己有。老旦虽然不能拥有，读还是可以的。

老旦自从进入武侠世界，每天满嘴都是东邪西毒、九阴真经、亢龙有悔，逢人就讲郭靖，遇人便说黄蓉。老旦看书的地方也离老妈越来越远，最后干脆挪到了老爸跟前。

老妈发现，武侠小说最大的魔力就在于，它缓缓长出无形的爪，把老旦摄到书里，搞得老旦头都舍不得抬一抬。

读书好，读书妙，读书的娃娃不太闹！

许愿

2023 年 1 月 23 日

大年初二的晚上，老旦和老爸睡觉前各自许愿。

老爸：“愿新的一年全家顺顺当当的。”

老旦：“愿我能考个好成绩。”

老爸：“愿全家人健健康康的。”

接下来，画风突变。

老旦：“愿我想玩多长时间就能玩多长时间。”

老爸：“愿老婆不发脾气，少发脾气！”

老旦：“愿我开学每周上两天学，休息五天！”

老妈忍无可忍：“行了行了，越说越不像话了！这哪里是许愿，这都改对口相声了！”接着一声狮吼：“睡——觉——去——！”

感染的病毒株不一样

2023 年 2 月 1 日

老妈和老旦最近都感染了病毒。

前两天老妈和老旦聊天，老妈说：“我觉得自己感染的是睡懒株，自从感染以来，每天上午想睡觉，下午想睡觉，晚上照睡不误。”

老妈又说：“我还感染了健忘株，啥事也别和我说，啥事也别交代给我，好多事我扭头就忘。”最典型的例子就是大丫的太阳眼镜取回来一个月了，大丫问起时，老妈一点印象都没有，满屋子地找。最神奇的是，把自己的眼镜寄给了大丫还全然不知。

老妈最后说：“我还感染了不念书株。自从感染后书放到眼前，字都认得就是不过大脑。读了几页的《纳兰容若传》干脆从家里消失，无论如何也找不到，莫非书长了翅膀飞了？”

老旦骄傲地回应：“那我比较幸运，我只感染了一种株，那就是玩耍株。我只想玩、玩、玩，除了想玩还是想玩！”

今天，老旦突然感慨万千：“老妈，我发现，老是玩也没意思。”

老妈眉开眼笑：“恭喜你，你的身体终于痊愈了。”

老旦扭头就走，这次不说“有道理”了。

开学倒计时

2023 年 2 月 6 日

每到开学时，老旦愁作业没写完，老妈愁老旦的愁。

开学前五天。

老妈催促：“快写作业！”

老旦：“快完了，再有一两个小时就写完了。”

老妈：“那好，玩去吧。”

开学前四天。

老妈问：“作业完成得咋样啦？”

老旦：“大作业都写完了，把零零碎碎的补补就可以了。”

老妈：“好，玩去吧。”

开学前三天。老妈还没来得及说话，老旦便说：“我再玩一天，明天后天收心呀。”

老妈：“好，玩去吧。”

还剩两天就开学了。几天下来，老妈甚觉心累，正好朋友相邀看元宵社火，老妈提议一起去看社火。

老旦有点犹豫：“嗯……那我明天好好收心。”

大家一路欢歌又笑语，一切烦恼抛诸脑后。烟花在头顶绽放开时，那种感觉太梦幻了，总想伸手去抓，我们从来没有这么欢乐过。

开学前一天。

老妈还想去看社火。老妈怂恿老旦：“咱们再去看一回！”

老旦先推辞后屈就：“不去啦，您咋就知道玩了，我明天要开学了，开学还要考试……算了，我也一起去看吧，这么好玩的事我不能缺席。”

老旦又赶忙补作业去了。小孩子的作业不到开学最后一刻写不完。至于开学后作业到底写没写完，只有他自己知道。

翻过上学这道坎

2023 年 2 月 7 日

半夜，老妈被老旦的叫喊声惊醒，说不舒服。果然，这一夜，一会儿要吐一会儿又要拉，折腾到天快亮才睡。

今天是开学第一天，但也只能请假。午饭过后，看着老旦基本无碍，老妈吩咐：“你下午就可以去上学了。”

眼看下午上学时间迫近，老旦又开始犯愁，嘴里不停地嘟囔：“我不想开学，我不想上学。”

上学前半小时，老旦在地上溜达来溜达去，不停地念叨着：“咋办呀，再有半小时就得上学了，咋办呀！”

老妈好奇地问：“你昨天晚上是不是因为不想上学装病？”

老旦笃定：“生病是真的，您看我那会那么难受，生病装不出来。现在活蹦乱跳的我，不想上学也是真的，没有原因，就是很发愁。”

老妈又猜：“是不是作业没写完？”

老旦肯定：“您小看我了，我的作业真写完了。”

老妈劝说：“事物往往有两面性，你有多发愁开学，我就有多盼望你开学。况且别人已经开学了，咱也能开学，硬着头皮上学去吧。”

晚上见到老旦，老旦兴奋地说：“许老师说我假期肯定是玩爽了，变黑了；同学们说我肯定是去海南了，不然咋晒这么黑；张老师说我和他是同类，成黑蛋了。”

老妈笑话老旦：“瞧中午把你愁的，你看你从学校回来不挺开心的嘛。每个人都会遇到难过的沟坎、发愁的事，硬着头皮挺一挺就过去了，熬过去之后，回过头来你会发现那都不是事儿。”

老旦笑着点点头：“我又是一条好汉！”

谁杀了江南五怪

2023 年 2 月 26 日

老旦快看完《射雕英雄传》了，他对这本书非常入迷，可以说是手不释卷，眼不离书，头也不抬，就连老妈做的烤鸽子都勾不来他的魂儿。

老爸要出门，老旦却追着老爸不放行，缠着老爸问：“江南七怪先是变成六怪了，后来又变成一怪，那五怪到底是被谁杀的？”

他正看到这一段，还没有看到结果。

老爸一边穿衣服，一边说：“妈妈不让剧透，你自己看。”

老旦拽着老爸的衣服不让他穿，半威逼半恳求：“忍不住啦！必须剧透。”

老爸把准备穿的外衣放到一边，说：“是被西毒欧阳锋和那个坏小子杨康杀的。大部分小说都有规律，坏人总是在办坏事，坏事总是有坏人办。现实生活倒也不尽然，没有严格意义上的好人坏人。”

老旦得了结果，才放手让老爸出门。

老旦恨杨康，顺带连包惜弱、穆念慈都不喜欢，老旦还说要把杨康的名字贴在沙袋上天天打。

老妈听了长出一口气，老妈终于得到解脱了。这之前沙袋上贴着“妈妈”两个字，打了不知道多少时日。

这个挨千刀的杨康终于办了件好事。

老旦哇哇大哭

2023 年 2 月 26 日

连续两个周末，老爸都会在午饭后陪老旦在楼下玩纸飞机。

老旦亲自叠了纸飞机，还教老爸一起叠。这次老旦一共叠了九架飞机，并且把每架飞机都注明了型号。爷儿俩玩得不亦乐乎，若不是老妈打电话都忘了回家。

老旦一进门就大声嚷嚷："'蓝天一号'不愧是队长，滞空时间九秒钟，相当于世界纪录的 1/3。"

老妈听后直夸厉害，接着问："今天有别的小朋友来干扰吗？"

老旦开心地说："有几个娃看了一会儿，好在干扰意愿不强。"

后来老妈再询问时，老旦说："那个小孩还在，我想了个办法，礼貌地把他请走啦！"

原来，上周老爸陪老旦玩飞机时，有个小孩独自凑上来玩，在假山上上蹿下跳，老爸担心他摔着，就边照看那个陌生的小孩边陪老旦。一共半小时的玩耍时间，被那个孩子占用了很多，导致老旦没玩尽兴，回到家一脸不开心。

老爸加班走后，老旦情绪大爆发，开始哇哇大哭。老妈规劝道："你小时候也一个人在院子里玩，那会儿也有不相识的大人帮忙照看着。老爸只不过做了别人也在做的事。"

老妈提醒老旦："别和老爸生气，老爸是牺牲中午休息时间陪你玩的，适可而止，见好就收。”

老旦：“我已经好啦！”

以理服人法，果然也好用。

好梦祝福

2023 年 3 月 7 日 

睡前，老妈对老旦说：“祝老旦做个好梦！”

老旦眉头一皱：“我不想做梦。”

这两天老爸看书时，曾和老旦讲过一些南怀瑾说过的话，老旦觉得很有趣，这回正好套用一下。

老旦说：“无论中药、西药，我只相信睡觉。佛教、道教，我还是相信睡觉。能睡好觉就是人生最有福报的事。”

老妈立刻更正：“那祝你睡个好觉。”

老旦笑逐颜开：“也祝妈妈睡个好觉。”

从此老妈因为老旦的话而记住了南怀瑾的话，不再祝别人做好梦。再好的梦终究是要醒的，不如睡个好觉。

有书真富贵

2023 年 3 月 23 日

周六，老旦和老妈出了趟小远门。动车上有大把的时间，老旦和老妈各读各的书，读累了就聊天。

老旦聊他最近读的《鲁滨逊漂流记》，鲁滨逊如何解救星期五。聊到《汤姆·索亚历险记》，汤姆把刷墙这么件苦差事演化成很好玩的事情，让其他孩子抢着为他刷墙。又聊到正在看的《绿山墙的安妮》，嘴碎的安妮，总是唠唠叨叨说个没完。

老妈和老旦聊余华的《活着》，福贵赶牛犁地时，和他的老牛聊天，也叫他的牛为福贵，还同时喊："二喜、有庆不要偷懒，家珍、凤霞耕得好，苦根也行啊。"

老妈问老旦："你知道最近有什么重大事件发生吗？"

老旦："知道。我们在学校每天早上看《朝闻天下》，世界上发生的大事我都知道。"

老妈满心喜悦，忍不住摩挲摩挲老旦的头。

老旦对看过的书也许理解得还很肤浅，对天下大事的认识也不够深刻透彻，但是好学向上、心怀天下的种子已经深深地埋下，不会因为沉迷电子产品而辜负时光。

灵魂知音

2023 年 3 月 26 日

今天早上老旦睁眼第一句话：“妈妈，我睡醒了！”然后爬起来上个洗手间就开始读书。

老旦这两天还在读《绿山墙的安妮》，读着读着时不时哈哈大笑，读到有趣的地方要么给老妈讲一讲自己的心得，要么干脆读一段文字给老妈听。

老旦跟老妈说：“安妮和戴安娜成了好朋友，她们互相是灵魂知音。”

老妈就问：“啥是灵魂知音？”

老旦说：“就是心灵相通，关系很好的知己，比如我说了上句，对方能接下句。”

老妈问：“你知道谁是老妈的灵魂知音吗？”

老旦想都没想，答：“是我爸爸。”

老妈想了想，说：“也对也不对，你爸是个很好的人生伴侣，我们相遇相知，但我的灵魂知音是我自己。《百年孤独》中说，人生的本质就是一个人活着。还有一句话——孤独是灵魂的伴侣，陪伴我们走过人生的每个角落。人的一生会经历好几个阶段，可能有一阵子你会特别需要朋友，需要被理解、被认可。又过上一段时间，随着人生阅历的丰富，你会发现，人生就是一段孤独的旅程，任何人都不能全程陪伴。只有学会与自己和解，学会独处，学会直面内心，你才会强大。虽然我们不能做到无坚不摧，至少可以轻松化解。当然这需要时间的洗礼。”

老妈又问：“老旦，现阶段你的灵魂知音是谁？”

老旦虽然似懂非懂，但听得很入神。骤然被老妈提问，老旦骄傲地回答：“是我的嘟嘟熊和小胖熊。”

老妈猜到了，老旦从始至终都不是一个人，他的身后有他的亲友团，布娃娃嘟嘟、小胖、小龙、冰墩墩、雪容融……

呵呵，孩子就是孩子。

玻璃栈道被关

2023 年 4 月 5 日

当老妈告诉老旦准备带他去张家界时，老旦第一反应：“我能去玻璃栈道了？”

临行前老旦做足了功课。听说人踩到玻璃上，会有玻璃沿着落脚点向四周咔咔绽裂开的效果，老旦魂牵梦萦，脑海里设想了 N 种可能。

老旦没想到的是，到了西线玻璃栈道入口的一刹那，不知何故，栈道临时关闭。我们仅仅晚了两三分钟，就与玻璃栈道失之交臂，老旦的心情跌到了谷底。

老妈仿佛看见一团无名火在老旦心里点燃，熊熊燃烧。接下来，老旦见树踢树，见石踢石，见土踢土，手指着所踢的石或树，愤愤然：“都怪你，都怪你，都怪你！”

老妈努力地安抚老旦：“老旦呀，我也很想玩玻璃栈道，大概是上面有雨水怕滑不安全吧，我们下次和姐姐一起再来。再说花草树木山石都是有灵气的，你踢它们，它们会伤心难过的。”

老旦的情绪渐渐缓和，踢着踢着，变成用树叶轻扫树干，言语也变得温和，他指着树说：“都怪你……也不能全怪你……不能怪你。”同行的阿姨也很给力，指着横亘在石缝间的许多人为支撑的木棍，问老旦：“你知道这有什么说法吗？”

老旦顿时又有了精气神，坦然地说：“不知道。”

阿姨：“中国民间有种习俗，人们相信大山有灵，用根木棍支撑一下，祈愿家人腿脚强健，身体健康。”

老旦听后，开始全神贯注地寻找木棍、支撑木棍，不仅为自己撑，还惦记着要替爸爸、姐姐也撑一根，并且要找最粗最壮的给爸爸、姐姐撑。玻璃栈道的事情已然忘了。

晚上，连老旦自己都说：“好玩的事俯拾皆是，玻璃栈道下次再来玩吧，留个念想。”

老爸觉得自己了不起

2023年4月6日

母子二人旅行归来。

老爸和老旦学习《古文观止》，其中讲到“孔子世家赞”。

老爸说：“司马迁研究孔子，‘读孔氏书’‘观仲尼庙堂’，不仅要看书，而且要实地考察。”老爸打了一个比方，老爸负责和老旦一起读书，而老妈负责带着老旦旅行，即实地考察。

老旦立刻反驳：“不对，爸爸只负责读一半的书。”

老爸一脸疑惑，问：“那另外一半的书是谁负责的？”

老旦回答：“是妈妈和我一起读的。”

老妈听了笑话老爸：“人间自有公道呀，革命尚未成功，娃儿尚未成才，就惦记着攫取胜利果实。”

老爸每天忙于工作，早出晚归，根本了解不到老妈的付出，当他听到老旦为老妈正名时，有些吃惊。

老妈和老旦看着老爸一个劲地尬笑，两人也龇着牙，相视而笑。

灵魂知音，一切尽在不言中。

从《三体》到手机

2023年4月15日

晚上，老旦做作业，老妈读《三体》第二部《黑暗森林》。

老旦突然问："老妈，你不是不读《三体》了，咋又读上了？"

老妈："说是一回事，做是一回事。我原来的确看不下去了，但是我经不住诱惑。刚开始看不懂，看着看着又懂了一些。未来要建一部太空电梯，太空电梯实际就是一颗地球同步轨道的人造卫星。人类乘坐太空电梯可以直达太空。"

老旦："你觉得未来这个设想可以实现吗？"

老妈："我觉得可以。二百年前的人类肯定想不到现在我们可以坐上飞机，想去哪里去哪里。"

老旦："你说三星堆里的螺丝钉是真的还是假的。"

老妈："网上说是一种化石。有一种碳-14年代检测法，根据碳物质的衰减度，就可以大致测出它存在的年代。老旦，你觉得咱们出去旅行见世面，有没有用？"

老旦："太有用了，我们英语老师有个纸袋子，我说那上面印的是三星堆的面具，老师说我知道的还真不少。"

老妈："对，咱们下次旅行的目的地就是三星堆，还有故宫、敦煌。还是那句话，你负责学习好，我负责带你玩耍好。你说世界这么美好，向上，你想知道宇宙；向下，你想知道海洋；往前，你想知道历史；往后，你想知道未来。还有许许多多你未来想知道的东西。”

估计是老旦嫌老妈扯得远了，赶紧说：“嗯，妈妈，我知道咱们临睡前聊啥了，咱们就聊《三体》吧。”

老妈意犹未尽地说：“好啊。”

大爷很厉害

2023 年 4 月 23 日

每次老旦旁听中医出诊，回家后都要给老爸老妈做分享。今天一回到家，老旦就开始激情回放：

“有一个人焦虑失眠。他走了以后，大爷表示这是个善良的人，胆子小，但是由于一些感情上的问题，或者是生活上的困难，就被挤压得焦虑了。

“又来了一个非常胖的女生。大爷问她：‘你怎么又胖了一点呢？’那个女生看起来非常不爱说话。她妈妈说，因为考试压力大，所以她化悲愤为食欲了。大爷说：‘嗯，那不行，大脑中有一个控制食欲的地方，你刚把肥减下去，这个控制食欲的地方非常兴奋想增加回来，如果你多吃，它就更兴奋，如果你不吃的话，它就不会兴奋。’

“还有一个个子高高的高中生，大爷问他：‘你是什么情况呢？’高中生说睡不着觉。大爷号号脉，说：‘嗯，你是不是有点焦虑呀？

我看看你的舌头，嗯，很口干。’大爷问他为什么焦虑，他家长说，老师对他考试寄予了很大的期望，结果他没考好，老师说了他两句，他就老把这事放在心上，所以就焦虑了。大爷说：‘没事，我给你治。’

“总之，大千世界，病人千奇百怪，大爷最后都是一句话：‘没事，我给你治。’

“最后轮到我自己问诊。大爷说我肯定是偷偷干了件坏事，手脚冰凉还咳嗽。大爷真牛，我干啥了都能发现。”

老妈大惑不解，追问：“你干啥了？”

老旦神秘地说：“不能告诉你，你知道了我会被骂。”

老妈拍拍胸脯：“不骂你，我保证。”

老旦羞赧一笑：“我偷偷吃了个冰激凌。”

老妈大笑：“哈哈，这是个好事。凡事有因就有果，有果必有因。我不会骂你，以后你知道因果关系，懂得了因果道理，就知道老妈为啥不让你吃冷饮，你就不会偷吃了。”

这次考砸了

2023 年 4 月 28 日 

期中考试已经结束两周了，老旦缄口不提成绩。老妈对成绩也不是很感兴趣，但不过问也有点说不过去。

老妈和老爸聊：“也不知道老旦考试成绩咋样。”

老爸：“肯定是不理想呗，如果考得好，早就藏不住告诉你啦。”

昨天晚上老旦住在二姨家。晚上打电话，聊到最后老妈随口一问：“老旦呀，成绩出来了吧，没考好吧？”

嘟嘟嘟……电话断线了。

老妈忙完手头的事，又打过电话去，一句话没讲，电话那头又传来嘟嘟嘟的声音。

过了一会儿，老妈再次拨通电话，这次老妈赶紧表白：“老旦呀，老妈不关心你考了多少分，你只要努力学习就好啦。”

电话里传来二姨的声音：“已经哭过一鼻子啦，你这几句话，正好用来压压惊，安抚安抚他幼小的心灵。明天你不用管了，家长会我去参加就行了，放心吧！”

不知道什么时候开始，老旦不喜欢老妈参加家长会。

今天家长会刚开完，老旦放学回到家，一副心事重重的样子。老妈故作大度：“我不关心你的成绩啊，不过我在想，你们班现在有没有人正在挨打呢？”

老旦见不涉及自己，打开了话匣子：“肯定有啊，有个同学本着息事宁人，长痛不如短痛的原则，选择提前告诉他妈妈成绩，以为至少显得他忠厚老实，无所欺瞒，结果已经挨了一顿胖揍啦。”

老妈：“那今天开完家长会，他妈妈心情肯定不好，该不会再‘修炼’一回娃吧。”

老旦：“让您说着了，今天开家长会，他从门缝里看见他妈妈铁青着一张脸，已经后悔太早交代成绩啦，说是硬生生把一顿揍整成了两顿。”

老妈：“可怜的娃。你就没有和同学讨论过挨打这事？”

老旦：“讨论过呀，我和我同学讲，比如咱们俩一样考砸了，你挨打了，我不会挨打；你没挨打，我也不会挨打。我那同学说：‘你这是专门气人呢，就说你不会挨打完了。’”

这个小鬼头悄悄地给老妈扣了顶高帽子。老妈也不傻，轻轻松松顶住了帽子。

老妈说：“你咋不教教他，像你一样，我问都没问，你的金豆豆和银豆豆已经掉了一地，吓得我还以为自己哪里又做错了，哪里又说错了。”

老旦还是比较认可老妈，说：“这跟妈妈的想法有关系，和孩子咋做没关系。他就是掉豆豆，也避免不了一顿胖揍。”

老旦缓了口气，又接着说：“咱们不要讨论别人挨打的事了，毕竟不是啥好事。”

老妈穷追不舍：“我都不过问你成绩，你可得好好学习，不能再放羊啦。”

老旦：“知道了，我打算好好学习啦。”说完就进了屋。

老妈感觉学习的事情还是应该认真对待，于是晚上睡前老妈找了个时机说：“老旦呀，咱俩平心静气地聊聊考试。其实，考试的目的是检验每门功课阶段性的掌握情况，考好了，咱们总结经验，继续努力；没有考好，咱们赶紧查漏补缺。考完试，过度关注，父母打一顿，不对；不关注，不闻不问，也不对。正确的办法是，咱们总结一下，哪块没有学好，是学习态度的问题，还是学习方法的问题。”

老妈接着说：“我觉得这半个学期，你在爸爸妈妈没有干涉你学习的情况下，考出这么个成绩还可以。另外，以后即使考砸了也不用哭。”

老旦：“主要是考得太烂了，我是伤心自己考得烂呢。”

老妈：“我还以为你嫌老妈过问你的成绩呢。那好吧，想哭就再哭。早点睡吧。”

晚安，老旦。你考得再烂，老妈也不嫌弃。

几乎被“电子鸦片”勾走

2023 年 5 月 4 日

一次偶然的机会，老爸老妈带老旦进了一回游戏厅。

老旦瞬间被淹没在声光电的世界里。老旦从来没进过这种地方，就像刘姥姥第一次踏进了大观园，腿脚挪不动，眼睛不够用，恨不得长出 10 只眼睛，东瞅瞅、西瞧瞧，满眼冒着金光，嘴巴惊得大张，口水都快流出来了。

那就痛快地玩会儿吧，难得能放纵一回。

老旦手忙脚乱，这个抓一把，那个捯一下，想把没玩过的全都补回来。末了，老旦说：“明天我哪里也不想去，就在这里耍一天。”

老妈听了撇嘴说道：“难怪孩子们会上瘾。这东西就是电子精神鸦片，百害而无一益，你刚刚学了鸦片战争，应该晓得这个道理。偶尔玩一下，知道是个啥东西就可以了。”

老旦听了，不假思索爽快地回答：“有道理！”

读史使人明智，鉴往而知未来。果真如此。

知识就是力量

2023 年 5 月 4 日

这两天，老旦迷上了《写给儿童的世界历史》。

老旦挺着胸脯，问老妈：“你知道爱琴海为啥叫爱琴吗？”

老旦本来想自问自答，来炫耀一番的，不想老妈不懂人情世故，直接说：“知道呀，有一个叫爱琴的父亲以为儿子死了，跳海自杀，为了纪念他，把他跳的海命名为爱琴海。”

老旦气得哇哇叫，跺着脚走了。

过了一会儿，老旦又跑过来，在老妈面前跑来跑去，一边跑一边问：“老妈，你猜我这是在干啥？”

还没等老妈开口，老旦连忙启动抢答模式：“我这是在跑马拉松。”

不过这次他要是不说，老妈还真想不出来。估计是老旦看到了奥林匹克的起源。看着他兴奋的样子，老妈忍不住问道：“你知道马拉松要跑多远吗？”

老旦肯定没特别注意到这个数字，听了老妈的提问瞬间溜回自己屋里，几分钟后跑出来说：“42 公里。”

老妈：“对了。”

又过了一会，老旦又拿着书跑过来和老妈说：“妈妈，斯巴达的战士出征前他们的妈妈会对孩子讲：‘孩子，要么带着盾牌回来，要么就躺在盾牌里回来。’”

老妈：“是啊，斯巴达人尚武。”

老旦嗫嚅：“她们这些做妈妈的怎么不爱自己的孩子！”随后陷入沉思中。

老妈又说：“你读到雅典人梭伦规定女人的衣橱里不能超过三套衣服了吗？这和老妈认为你的鞋子不能超过三双，一个意思。”

讲到这里，老妈突然有点发虚。本来是剑指老旦的鞋子不能超过三双，可是按这个道理，老妈的衣柜里也只能有三套衣服。老妈生怕老旦揪住小辫子，忙不迭地转移老旦的注意力：“还有，斯巴达人为了锻炼孩子的忍耐力，规定每个儿童必须每年接受一次鞭打。”

老妈话还没说完，老旦赶紧接话：“老妈，我庆幸，我生在了现在这个年代。”

果然，知识就是力量！

抢答错了怎么办

2023 年 5 月 10 日

放学回家，老旦得意地说：“上英语课时，老师问瓦特是哪个年代的？我脱口回答 1688。老师表扬我知道的东西多，还给我加了学分。”听了老旦的话，老爸老妈为老旦能够抢答老师的提问感到高兴，同时和老旦共同寻找答案，看老旦的回答是否正确。

前段时间老旦和老妈看纪录片《大国崛起》，播放片头时，老旦和老妈一起念片头字幕：1688，英国光荣革命，工业时代的开始。老旦估计只记住 1688 年英国发生了一个什么革命，混淆了光荣革命和工业革命。光荣革命发生于 1688 年，是英国君主立宪制政体的起源，而英国第一次工业革命开始于 18 世纪 60 年代，以瓦特改良蒸汽机为标志。

对于这件事，老爸有话讲，他说：“主动回答问题，说明老旦对这个问题有了解、有研究，还说明你有勇气，这是好事。无论对错，回家后再求证，说明有进一步探究的精神。所以即使回答错了，也至少有两个方面值得表扬。第一，不怕错；第二，知道自己错在哪里。不怕错才能有对的时候，如果永远怕错，可能对的就越少。就像学习滑雪一样，不学肯定不摔，但不摔肯定学不会。”

老妈还没有厘清思路，老爸已经发表完演讲，而且讲的这番话既产生了安抚作用，还鼓励了老旦，老妈自愧不如。

智慧更有力量。知识的对错很容易判断，但如何应对老旦的对错却需要智慧。

英语书上的名画

2023 年 5 月 14 日

老妈检查老旦的英语课文背诵情况，其中有一课配了几幅名画作为插图。

老妈问："知不知道这几幅画的名字？"

老旦指着图说："这个是梵高的《星空》，这个是徐悲鸿的《奔马》，这个是梵高的《向日葵》，这个是达·芬奇的《蒙娜丽莎》……"

老妈："你还知道哪些画？"

老旦："韩熙载的《夜宴图》，张择端的《清明上河图》。"

老妈："对，上次老师还教过李可染的《万山红遍》。以后接触的名画越多，你知道的就越多。比如你知道《千里江山图》，所以那天看到那幅地图就知道它对山的绘画模仿了《千里江山图》。其实生活中的好多元素都有出处，只是我们普通人不关注。比如古代纹饰，你知道吧。"

老旦："我知道龙纹、鸟纹、虎纹、兽面纹、忍冬纹。"

老妈："对呀，这些花纹名称我就不知道，还有书法字帖。"

老旦：“书法字帖我可知道不少。”

老妈：“这些就是你的文化素养，文化素养就是这样在生活学习中慢慢地一点一滴地积累下来的。”

一不留神，就离题万里。聊完这些老旦继续给老妈背英语课文。

无成人陪伴乘机

2023 年 5 月 18 日

大丫小时候在飞机场见过挂牌牌的小孩子，知道了那叫无成人陪伴乘机。记得那时候的大丫无比羡慕，说她也想挂牌牌。可惜一不留神就到了无须体验的年龄。

随着老旦一天天地长大，老妈心里就一直惦记着这件事。没让大丫满足的事情，想让老旦赶紧体验上。

老妈这几天要去成都，又恰逢周末，于是给老旦订机票、办手续，几经周折，老旦终于可以感受一次无成人陪伴乘机。老旦很兴奋，对这趟老姐都没有享受过的奇妙之旅充满期待。

不知道前一天晚上老旦睡好了没有，反正老妈知道，老爸肯定是没睡好。前一天晚上老爸打电话：“我娃明天就要一个人出门坐飞机了。”中午又打电话说：“哎，我娃一个人在天上飞。”

老爸从来没有这么牵肠挂肚，儿女情长。不过老妈在接机大厅看到老旦从容自若地走出来，也有点儿小激动。

从机场往市区走的地铁上，老旦滔滔不绝地给老妈讲一个人乘机的感受，喜悦之情溢于言表。老旦说：“这没啥，人家机场就有这项专门的服务，每天都有娃娃被寄。”

老妈夸张地说：“下回给你安排一次跨国一人行。”

老旦有点局促：“呃……这个……那个……有点时间长吧……那好吧。”

想到老旦一天一天长大，羽翼会越来越丰满，会越飞越远，老妈不禁感慨：无成人陪伴，这只是个开始。

回头看

泪水和汗水一样，不能白流

泪水与汗水同样珍贵，都不应白流，它们都应成为我们生命中有所收获的印记。

老旦已不再是那个懵懂顺从的孩童，他开始思考如何引导他人遵循他的意愿行事。尽管他学会了审慎行事，三思而后行，但遇到不顺心时，泪水仍会不自觉地滑落。然而，这时的泪水已不再是单纯的情感宣泄，而是他内心成长与变化的见证。

哭是人类古老而原始的一种沟通方式，在母亲与孩子之间，哭能架起一座理解的桥梁。随着孩子学会说话，哭泣的次数逐渐减少，但他们并未忘记这一“本能”，他们深知，泪水有时能带来关爱与满足，使心愿得以实现。

步入十一岁的老旦，已不再频繁地哭泣，但“哭”这一技巧仍深藏于心。他明白，泪水并非万能，却仍能在某些时刻发挥作用。遗憾的是，他遇到了一位不会轻易被泪水动摇的妈妈。我不仅允许他尽情哭泣，还时常提醒他，若未哭够，大可继续。这样的态度让老旦对自己的哭闹失去了原有的信心，我们之间逐渐达成了一种默契：你哭你的，我忙我的。这样反而减少了许多不必要的纷争。在这样的过程中，老旦学会了在泪水中自我修复与成长。

当然，允许孩子哭泣并不意味着放任自流，我们仍需时刻关注孩子的情绪变化，确保他们在可控的范围内成长。

泪水与汗水一样，都应是生命中有所收获的印记。在老旦的成长过程中，泪水见证了他的脆弱与坚强，迷茫与觉醒。而每一次的泪水之后，让他学会了更多，成长得更快。

DATE WEEK WEATHER

联

广袤心旅

随着老旦步入初中，他的世界如画卷般缓缓展开。人与事的交织，情感与思想的碰撞，读书与游历的融合，让老旦的内心世界变得更加丰富多彩。在一段又一段关于理解与被理解的旅程中，老旦有了更多的成长。

狂游博物馆

2023年5月21日

到了成都，老妈告诉老旦这次的行程是参观五个博物馆。

老旦晃着脑袋说：“三天，五个博物馆？简直是疯啦！”

老妈使用激将法：“如果不愿意，可以不去。”

老旦中了老妈的圈套，说：“干吗不去？必须去！”

这三天，老妈和老旦先后跑了三星堆、金沙遗址、武侯祠、成都博物馆、杜甫草堂。我们不是在去往博物馆的路上，就是在聆听大咖老师的讲解。老旦时刻紧跟老师的步伐，一路小跑，半步不落，穿梭在参观博物馆的人流中。

在杜甫草堂，讲解老师讲解杜甫的生平时，引经据典，可以背诵的诗词歌赋最多，孩子们争先恐后地抢着背诵，很多诗老旦都会背诵，但老旦只是默默听着。老妈问老旦为何不背，老旦在妈妈耳边悄悄回答：“别人会的，先紧着别人背。”老妈听完，对老旦肃然起敬，是潜意识的自信让老旦表现出了谦让。

我们在成都看见有条街叫交子大道，老旦问老妈：“咋叫这么个名字？”老妈说：“可能是金融街的缘故吧，交子是我们国家最早的纸币。”

隔日，老旦听《易中天中华史》，正好讲到北宋交子的出现。老旦兴奋地告诉老妈：“讲交子了。”

又过了一天，在成都博物馆，实地看到了交子，讲解老师详细地讲解了交子的由来。老旦一个劲儿地给老妈使眼色，言外之意，老妈了然。

知识需要互相印证才能记得牢固，三天之内三次涉及交子，估计老旦再也不会忘记交子了。

回来的路上，老旦说：“来三星堆前，觉得三星堆很神秘，来过三星堆，知道了古蜀历史的脉络，那就是历史，一点儿都不神秘。”

博物馆里蕴藏着丰富的知识，这次成都之行信息量庞大，老旦一下记不住，我们打算再来几次。

成都是吃货的天堂。不过这次只顾着品味文化大餐，没有时间享受人间美味。

回家见到老爸，老爸第一句话就问：“你们吃上好吃的了吧？”

老妈乜斜双眼，说道：“您想多了，我和老旦天天赶场看博物馆，听老师讲文物、讲历史，每场至少两个半小时。在这有限的时间里，不仅仅是脚步，还有大脑必须跟紧老师的节奏，丝毫不得松懈。天文、地理、科技、农业、商业、教育、书法、绘画、诗词歌赋、生产生活、穿衣打扮，包罗万象。一天两场参观下来，身体和大脑都很疲劳，真的比上学累多了。今天中午休息时间太短，老旦连饭都没顾上吃，饿着肚子坚持参观了杜甫草堂，然后直奔机场，一直坚持着上了飞机，才得以喘息补了口食儿，根本没有时间和精力逛小吃街。”

老爸张着嘴巴，一脸钦佩，一脸诧异。

难过的老旦

2023 年 6 月 8 日

每到高考这两天，中小学生全部放假，老妈又带着老旦坐动车出行。

回程的路上，老妈把《活着》交到了老旦的手里。老旦手不释卷，从上动车读到下动车。老旦边读边问老妈，有庆是怎么死的，苦根是怎么死的，凤霞是怎么变成哑巴的，凤霞是怎么死的。老妈一一作出解答。

下车后，老旦说："我读到有庆死了，我真想一拳打死春生。"

老妈："我是想一把掐死那个抽血的大夫，可是人家福贵都原谅了春生，后来连家珍也原谅了春生，随着时间的流逝，世界上没有过不去的梁子。"

老旦："毕竟这是小说，是故事，不是真实的。"

老妈："好多小说的故事来源于生活，可能不像小说，倒霉的事集中发生在一个人身上，而是发生在好几个人身上，作者把它们集合在了一个人身上，赋予他更加多灾多难的人生。好多人读一次《活着》，感觉精神受到了摧残，不忍再读第二次。老妈读了无数次，从最初的无法接受，修炼到接受这就是人生，这就是生活。老妈想让你反复读这本书，将它奉为圭臬，今后不论遇到多难的事，想想福贵的苦难，见怪不怪，再难的事那都不是事，熬过去还能活。像福贵，活到最后，一人一牛，在田间劳作，和夕阳融为一道风景。”

老旦若有所思，默默点头。

不打算扫天下

2023 年 6 月 15 日

早上，老妈正打算去叫老旦起床，老旦已经开口说话：“妈妈的脚步声吵到我的眼睛啦！”

老妈调侃：“你想过没有，你的眼睛十分钟前就该睁开了。”

老旦乐呵呵地说：“想到了。”

老妈一边准备早饭，一边提醒：“老旦，把你的床收拾一下。”

老旦无动于衷。

老妈苦口婆心地说：“一屋不扫，何以扫天下！”

老旦千推万阻：“我不打算扫天下。”

这下惹恼了老妈：“扫不扫天下，都得扫你屋！”

一见老妈有点生气，老旦只好勉为其难地收拾床铺。

准、准、准中考生

2023 年 6 月 23 日

中考时老旦学校调休，老妈带老旦去参观省博物馆。回来的路上，路过一所学校，门口拉着隔离带，许多人躲在阴凉处纳凉。

老旦好奇地问："大热的天，这些人在这里干吗？"

老妈："陪孩子中考呀，前面是所学校。"

老旦若有所思："哦。"

老妈接着说："你看，三年后的现在，你正在考场奋笔疾书，而老妈心大，大概率不会像这些家长一样在外面等着。"

老旦的内心受到了冲击："真的呀，妈妈，我已经感受到了中考的压力。"

"你现在是准、准、准中考生啦！"老妈实话实说。

老妈好像后脑勺长了眼睛，看见老旦在车后座瑟瑟发抖。

比画名

2023 年 6 月 24 日

老旦和老妈比谁知道的名画多。

老妈："莫奈的《睡莲》。"

老旦：“梵高的《星空》。”

老妈：“罗丹的《思想者》，是雕塑。”

老旦：“达·芬奇的《自画像》。”

老妈：“李可染的《万山红遍》。”

老旦：“达·芬奇的《蒙娜丽莎》。”

老妈：“郑板桥的竹子。”

老旦：“徐悲鸿的奔马。”

老妈：“齐白石的虾。”

老旦：“达·芬奇的《最后的晚餐》。”

老妈：“罗中立的《父亲》。”

老旦：“梵高的《向日葵》。”

老妈：“达利的《流动的钟表》。”

老旦：“《呐喊》，谁画的，一下忘了。”

老妈：“忘记作者，不算。”

老旦：“梵高的《吃土豆的人》。”

……

老妈：“还挺好玩的，下次咱们斗书法字帖吧。”

老旦：“好。”

老妈怕赢不了老旦，打算私下先好好预习一下。

小学毕业

2023 年 6 月 25 日

每到半夜，老妈都会去老旦的房间看看他睡得好不好。今天刚进屋，就惊动了老旦。老旦坐起身，嘴里嘟囔一句：“真累了。”然后倒头继续睡去。

这两天，是老旦的小学毕业会考，不知道老旦是白天玩累了、学累了，还是梦里睡得累了。

早晨起床，老妈第一时间把昨晚的事情讲给老旦听，老旦乐了，追着老妈问：“真的，假的？”

老妈说：“老妈从来不骗你。以后咱们累了就休息，歇息好了，继续努力。”

下午考完试，老妈特意迎接老旦出校门，并给老旦在小学校门口拍照留念。

毕业啦！

小学时光如白驹过隙，转瞬几年已过。仿佛老爸昨天才牵着老旦稚嫩的小手，把蹦蹦跳跳的懵懂小娃娃送进小学校门；而今天，在老妈期待的眼光中走出校门的已经是阔步向前、满面春风的青涩少年郎。

祝愿老旦披荆斩棘，未来可期！

到底想不想开学

2023 年 8 月 13 日

暑假一过半，老旦就天天念叨：“同学都不认识怎么办，老师都不认识怎么办，新学校都不熟悉怎么办，考试考不好怎么办？我不想开学，我不想上学，我不想上初中。”

老妈不胜其烦，说道：“不想上学可以不去呀，可以捡捡破烂儿、搬搬砖什么的。”

老旦翻了个白眼：“说了等于没说。”

这天，老旦又磨叨：“我不想上学，我不想上学……我，想上学。”

估计说得太多了，一下子没反应过来说错了。

老妈这回可听清楚了，趁机说道：“想上学？好事呀，就快开学了，你现在就像秋后的蚂蚱，蹦跶不了几天啦。”

老旦反应过来后咯咯直乐。

《成语词典》的第一个成语是什么

2023 年 9 月 2 日

开学第一项作业是写《开学第一课》的观后感。

老旦费尽周折，总算写完。老爸第一时间拜读，并点评：“没别的毛病，就是错别字有点多。”

老妈提议：“再看看《新华字典》吧。字是基本功，字要不会用，找再好的老师上课也没用。”

老爸说：“看《新华字典》的人不少，但是像老旦这样看《成语词典》的人不多。我小时候也看过《成语词典》，可惜只看了二十多页，背了两三页。我记得第一个成语是‘爱不释手’，第二个是‘爱莫能助’……”

老妈一脸崇拜地看着老爸。结果老旦脱口而出：“第一个不应该是‘哀兵必胜’吗？”

三人你看我，我看你，接着一阵爆笑。

老妈没有现翻词典佐证到底谁对谁错，万一他们俩都在讲笑话，最傻的岂不是翻词典的人？

恩格尔系数

2023 年 9 月 3 日

今天的晚饭是蛋炒饭，其实就是中午的剩饭炒的，但老旦吃得津津有味。

老妈和老旦商量：“老旦呀，以后周末晚上你去同学家蹭饭吧，你去了，我和你爸就省得做饭了。”

老旦有点不好意思：“这不太好吧，那不把人家吃穷了？”

老妈怂恿：“去吧，去吧，吃不穷他家。”

老爸讲道：“有个衡量生活水平高低的指标叫恩格尔系数。其中，食品支出占家庭消费支出总额的比重越低，家庭负担越轻，吃饭越不是问题。”

老旦马上附和：“这个我知道，大概55%是温饱，40%～50%是小康，30%～40%是富裕，低于30%是最富裕。”

老妈很惊讶：“老旦，你从哪里知道这些的？”

老旦想了想，说：“忘记在哪里了，可能是在关于百分数的数学题里吧。”

老妈默默地回味，老旦都知道恩格尔系数了。他讲的百分比准确与否并不重要，重要的是以后这娃更不好糊弄了。

想念小学

2023 年 9 月 4 日

教师节临近，老旦和同学商量穿上小学的校服回母校瞧瞧老师去。

老旦不停地跟老妈叨咕回到学校会做什么，估计在老旦的脑海里已经演绎了很多次见到小学老师的激动场面。

然而，老妈一瓢冷水泼给老旦："今年的教师节恰好在周末，你去学校看谁去？周五？周五老师在学校，难道你不在自己学校上课？"

老旦接受不了这个事实，坚持说："老妈，你给我留一身小学校服，我暂时还没长高，我一定得抽空回小学转转。"

老妈赠言："娃子，昨天再好也回不去了，多往前看！"

老旦十一岁啦

2023 年 9 月 19 日

老旦十一岁啦，两个小朋友给老旦送来了生日礼物，他们还一起唱了生日歌，吃了生日蛋糕。

半夜，老妈轻悄悄地去查看老旦是否睡着了，没想到还在床上摸到一个大人。

老旦失眠，老爸陪他睡。然而并不奏效，黑暗中老旦依然瞪着两个大眼珠子。老妈问他为什么睡不着？老旦答："我的脑子里一遍遍单曲循环播放着生日快乐歌。"

"好吧，睡不着，老妈读书给你听，让老爸睡去吧，老爸累了。"

老妈边读书边想，老旦为啥睡不着，于是问："除了想生日歌，你是在思考十一岁后的变化才睡不着吗？比如你长大了要变声，要发育，要长胡子，姐姐规定你十一岁后要洗碗了。"

老旦：“都不是，我只是单纯觉得很快乐。”

年岁的增长，在于心智的成长，不在过生日的形式。简简单单，平平淡淡才好。岁月流淌，生活如旧。

老妈轻声说道：“太晚了，你闭眼找睡意，老妈继续给你读书，咱用书里的内容把生日歌顶出大脑。”

终有倚马可待时

2023 年 9 月 21 日

在写作业的间隙，老旦溜达过来和老妈闲聊。

老妈正读《东坡新传》，指着书中“糊名弥封”这个词，给老旦讲：“现在学生考试密封卷子的做法，就是起源于中国古代科举制度中的糊名弥封。”

不想老妈话头刚起，老旦开始抢话：“主考官读了苏轼的卷子，以为这么好的文章肯定是自己的学生所作，怕别人说闲话，就给苏轼定了个第二名。”

老妈内心窃喜，老旦肚里还真有点墨水，便问：“那你可知道‘倚马可待’？”

老旦摇了摇头。老妈高兴地讲：“‘下笔千言，倚马可待’的意思是临行前靠着马起草文件，可以立即完成。书里说的是苏轼才思敏捷，写文章快。”

老旦想了想，没吭声，转身回去继续写作业了。

想变出个“周八”

2023 年 9 月 24 日

晚上老旦失眠，老妈就去和老旦谈心。

老妈问：“是不是数学没考好，有些发愁？”

老旦：“我发现我的主要问题是做题速度慢，其次是刷题量不够，还有些题我确实不会。我好像不太适应老师讲课的模式。”

老妈：“那最直接的办法就是给你找个数学老师，负责查漏补缺，需要时上课，不需要时就不上课，你看如何？”

老旦：“周六日我哪里还有时间，要是变出个‘周八’就好了。”

老妈一阵心疼，摩挲着老旦的手，安慰道：“凡事尽力就好了，找不找数学老师，你自己决定。”

第二天中午，老旦回家，脸上云开雾散，兴高采烈地汇报：“老妈，有几个问题今天老师都讲了，剩下的问题我问了老师。现在我都学会了，我觉得不用花钱补课了。”

呵呵，老旦是个抠门鬼，最舍得花钱的地方就是玩。肯定盘算了一番，每次补课要花不少钱，所以最好的办法还是自己学。

老妈说：“听你的，你啥时候觉得需要帮助，咱们再随时找老师。”

老爸的白日梦

2023年9月26日

老爸平时工作很忙，好久没和老朋友见面了。

今天聚会回家，就像打了鸡血，不知道又接受了什么熏陶，信誓旦旦地说：“以后下班啥也不干了，最重要的事情是陪娃学习，我要把娃陪成清华生。”

老妈纳闷：“以前不是立志上复旦吗？”

老爸掷地有声：“复旦保底。”

吹牛都不打草稿！老妈嗤之以鼻。

隔天，老妈传话给老旦：“你爸要把你培养成清华生。”

老旦听了，追着老爸问：“是你说的？你不知道现在我能维持这个不垫底的水平有多难吗？我要把你开除家籍！”

老旦不知道从哪里学的概念，老爸每回惹了他，都要把老爸开除家籍。有一回老妈问老旦：“你知道咱家户口本上户主是谁吗？是你老爸，你把他开除家籍，知道后果吗？”

老旦想了想，说：“其实是把我们开除‘家籍’了。”

尽管如此，仍不影响老旦时不时开除老爸的念头。

老爸转身问老妈：“你告诉老旦我要培养他考清华？”

老妈：“对呀，我就想让老旦知道陪你做梦有多辛苦。”

老爸依然心怀梦想：“万一实现了呢。”

又被老妈套路

2023 年 11 月 14 日

老旦学语文课文，看到“三味书屋”，心血来潮，想跟老妈对对子。

老妈搜肠刮肚，想不出来。

老旦提醒：“可以对‘百草乐园’嘛。”

“五角大楼！”老妈上一秒大脑空白，下一秒脱口而出。

老旦立时瞪大眼睛：“您真牛。”

老旦的语文生字学得一塌糊涂，晚上老妈陪老旦复习生字，老旦在学校学习了一天，哼哼唧唧，不想复习。

老妈给老旦讲了一个故事：“有个小朋友和他妈妈讲，妈妈你每天给我买玩具，太麻烦了，不如我们开个玩具工厂，想玩啥生产啥，再也不用买了，还能卖给我的朋友们。妈妈是怎么回答小朋友的，老妈不记得了，反正就是讲了开工厂的各种麻烦和问题。于是小朋友很通情达理地说‘好吧，那我们不开玩具工厂了’。最关键的是，小朋友又追加一句，‘妈妈我们都不开玩具工厂了，那你给我买个玩具吧’。小朋友的妈妈被哄得高高兴兴，就给他买了玩具。”

老妈又和老旦讲：“按照我们以往的惯例，学好语文就需要先抄课文，要不咱再抄抄课文？”

老旦面露难色，急忙说：“我现在都不是小学生了。”

老妈仿佛看见，此刻老旦的大脑里浮现出自己撸胳膊挽袖子奋笔疾书抄课文的画面。老妈又做出一副善解人意的样子，说：“看你这么辛苦，抄课文就免了，就抄抄生字算了。”

老旦瞪大双眼，瞧着老妈，表情从烦恼、释怀，再到失落。唉，终于明白老妈为啥这么好心给自己讲故事了。老旦无可奈何地说：“好吧。”

老妈又补了一“刀”：“抄的目的是学会，可不是机械性地抄写，记住才是重点！”

老妈心中暗自得意：“小样儿，还收拾不了你！”

屡试不爽的小伎俩

2023 年 12 月 12 日

放学回家，老旦一边吃饭，一边给老妈讲今天在学校发生的事。他讲得眉飞色舞，最后干脆放下筷子，站起身来，手脚并用，一人分饰多角，唱起了独角戏。老妈两次插话，都被老旦嫌弃。

老旦讲:“今天不是下了大雪吗，这是我有记忆以来最大的一场雪。”

这里老妈不认同，老旦肯定是失忆了，去年的雪也不小。

老旦继续:“我们老师大大地开恩，让我们玩了二十分钟雪，可是别的班老师让玩了一小时二十分钟。”

老妈又不赞同了，说老旦肯定是看花眼了。

老旦:“妈妈，你能不能认真地听讲，不要总是插话。”

好吧，学会倾听。

老旦接着讲:“玩完该上课了，可我们没玩够。我和李同学各滚了一个篮球大小的雪球，舍不得扔，干脆搬进了教室。这一节是语文课，语文老师发现后，罚我和李同学放学前每人写一篇检查。我急着回家呀，用两分钟的时间写了一篇二百字的检讨交给老师。当然，李同学也交了。

“老师读了我的检查，哈哈大笑，说思想的‘思’的上面是田，不是‘因’呀，这个字你写错了，你写的是恩情的‘恩’。我跟老师说我确实分不清‘思’和‘恩’，分不清哪个框子里是‘十’，哪个框子里是‘大’，我以后要把它俩分清楚。

“老师很高兴，和颜悦色地说:‘好，你回家吧。’老师看看李同学的检讨，眉头一皱，说:‘你这检查写得不行呀，你留下，好好和我讲一下为什么把雪球带进教室。’我收拾好书包，高高兴兴地回家，临走还对着李同学做了个鬼脸。”

听到这里，老妈一脸疑惑:“老旦，你竟然分不清‘思’和

‘恩’？”

老旦：“老妈，我当然分得清‘思’和‘恩’了。”

老妈蒙了：“那你干吗写错？”

老旦面露狡黠：“老妈，我这不是用了你教我的那招嘛。”

老妈回想，教了他哪一招呢？老妈恍然大悟。那天，在老妈和老爸聊天的工夫，老旦拿着老爸的手机在一边查资料，查着查着，就把手机拿走了。等老妈发现，老旦迅速地把手机塞进被子里，他已经玩了一会儿游戏了。

手机有时真的是个害人的东西。老旦很少拿来打游戏，但据老旦讲，他查资料时，手机突然弹出一个游戏界面，自己不小心点开，就玩了起来。老妈很生气，不想理老旦。过了一会儿，老旦自己写了份检查交给老妈，趑趄不前。

这可是破天荒头一回，老妈想看看老旦到底写了些啥。这一看，逗得老妈哈哈大笑：“老旦，你连你同学‘卷卷’的名字都不会写，写成‘圈圈’？‘圈圈’知道了，还不得笑死。”

看见老妈笑了，老旦也放开了手脚，和老妈讲：“我以为‘圈’和‘卷’可以通用呢。”

老妈笑着说：“算了，不生你的气了，你记住‘卷’和‘圈’的区别就行了。以后想玩游戏和爸妈说——当然，老妈同意玩游戏的可能性不大。”

那天老旦还似懂非懂，听得一头雾水，没想到今天就活学活用上了。

老妈心里一边乐，一边想，这树快长歪了，得赶紧纠正："老旦呀，做人还是要踏踏实实，别捡了芝麻丢了西瓜，因小失大。老师都是为了学生好，要端正学习态度，认真反思自己的不足，未来才能收得好庄稼。"

老旦："知道啦，我在学习上可是从不含糊的。"

奋发图强

2024 年 1 月 24 日

再过四天就期末考试了。

老妈筹划寒假的旅行，和老旦商量行程。老旦心情复杂："妈妈呀，我能不能熬过这四天都是问题，我现在哪有心思跟你谈旅行？"

老妈忽然发现老旦顶着两只熊猫眼，眼皮累得快睁不开了，头发乱得像鸡窝。

老旦继续说："教导主任已经盯上我好久了，说我再不理发就别来上学了。他的办公室就在我们班隔壁，只要他在教室门口一露头，我同桌就立刻把我的头摁到桌子下面，然后把她的卷子盖在我头上。我同桌说，我的头发也不长，就是有点乱。我说，没办法，这点随我爸，我爸的头发比我的还乱，一看就知道我是他的亲儿子，都不用做亲子鉴定。"

我们仨要求都不高

2024 年 2 月 1 日

听说期末考试成绩出来了，老妈向老师询问。

老师：“考得不好。”

老妈：“多少名呢？”

老师：“26。”

老旦很平静，觉得还行。老妈觉得也可以。看来，老师对孩子的期望比我们还高。

等到老爸回家，老妈告诉他：“一个好消息，一个坏消息。好消息是老旦和老妈对期末考试的成绩都比较满意，坏消息是老旦只考了第 26 名。”

老爸一听，说：“我觉得挺好的呀。”

一家三口的意见竟然出奇地一致。

哈哈，只要老旦开心健康，比什么都强。

因为台球翻脸

2024 年 2 月 26 日

老旦这个初中念得比小学辛苦多了，整天家–学校、学校–家。生活中除了语、数、英，就是政、史、地、生，抬头是写满板书的黑板，低头是写不完的作业。左耳朵各科老师的谆谆教导，右耳朵家长的喋喋不休。沉重的书包，厚厚的卷子，一个月顾不上理的鸡窝一样的头发。再加上冬天昼短夜长，每天天没亮就去上学，天黑才回家。一个学期坚持下来，可怜的老旦都快熬不住了。

老妈瞧在眼里，琢磨着能有个啥东西，玩起来既有意思又有意义。权衡之后，老妈置办了个玩具台球桌，供老旦排解烦闷，缓解压力。

台子虽然买了，可老妈不会玩，因此老旦只能缠着老爸陪玩。老爸不常在家，偶尔家里来个朋友，老旦二话不说就拉着人家陪玩。就这样，谁来了都教一招，老旦打台球的技术竟然突飞猛进。

实在没人陪玩的时候，老妈只好撸胳膊挽袖子亲自上阵。老旦顾不得嫌弃老妈笨手笨脚，草草地教了基本的规则，就和老妈开战了。

老旦打台球的水平虽然不高，只是比老妈的水平略高一些，但是他的心眼儿多。老旦怕老妈输得太惨，一生气就不跟他玩了，就总让着老妈；老旦又怕让得过多，自己在台球桌上丧失绝对优势。

老妈“倚老卖老”，时不时耍赖：没碰到球，要重新来一杆子；

碰到球，没有照着预定的方向走，也要重新来一杆子。

老旦吐槽老妈技术烂，老妈回怼：“不然你重找个球友，看谁能照你的心意陪你打台球。”

老旦怕没人陪玩，果然不敢吭气，只得被拿捏着。

偶尔有一局，老妈耍赖，老旦让得过了头，老妈却交了“狗屎运”，成功赢了球。老旦惊叹之余，又不甘落败，于是扔下球杆，大叫：“你耍赖了！你耍赖了！”

老妈认为小小的一次输赢不值一提，老旦却认为是事关脸面的大事。

这下也惹怒了老妈，说：“我陪你玩还陪出毛病来了，是你自己允许我悔球的，我进球和我不进球一样是不可控的，我哪能预测到那颗球掉头回来还能进了洞？你不能容忍别人的赢，就不要和别人玩。”

老旦和祥林嫂一样，翻过来掉过去，就是一句：“你耍赖了！你耍赖了！”

两个人吵作一团，你说你的，我说我的，互不相让，吵得惊天动地，房顶都快被掀翻了。

吵到最后，老妈恨不得砸了台球桌，赌气说：“不玩了！”

老旦也把球杆往桌上一摔，赌气说：“不玩就不玩，我再也不玩了，有什么了不起的！”

话不投机，老妈和老旦各回各屋。

生活还得继续，日子还得过。隔天，情绪缓和后，两人心气平和地讨论。

老旦说：“我摔球杆的时候想过了，没事，摔坏一根还有一根呢。”

老妈说:“我想砸台子来着，可是想想砸坏还得往楼下扔，别人看见了肯定笑话咱们。扔了又想玩了，捡是捡不回来了，还得重新花钱买。”

两人笑着握手言和。

老旦想和老妈玩，并不直说，在老妈跟前像只小狗一样，蹭一蹭老妈，抛个媚眼，说:“妈妈，我心痒痒。”

老妈假装听不明白:“心痒痒了?好说。”老妈用手挠挠自己的心口位置，又狡黠地说:“你也这样挠挠，就不痒痒了。”

老旦无奈只得回屋。等老旦前脚刚走，老妈后脚就追到老旦屋里:“不如我们来一局?”

老旦又假意推托:“别捣乱，我正打算写作业呢。”可还没坚持一分钟，就说:“算了，先来一局。”

再玩的时候，母子俩都收敛了小性子，老妈悔球时看看老旦的脸色，他让球更好，不让拉倒。老旦偶尔也学着悔球，打得不合心思也要求重来。

有时看着老妈磨磨叽叽地进不了球，老旦就明目张胆地把自己已经进洞的球又拿出来摆在桌面上，这样可以多玩一会儿。

偶尔老妈赢一回，老旦也能大度地给老妈以掌声。

当老妈看不清球路，问接下来咋打，老旦上一秒还说我们是对手不能说，下一秒就耐心地讲:“我觉得这个球不好打，换个球打吧。”

但凡家人吵架，肯定是各自觉得委屈、没被理解。吵过之后，双方都能站在对方的立场想问题，这架就算吵得值。倘若还能在下次将要吵架时，双方都能及时闭嘴，学会谦让，那这架就吵得太有意义了。

回头看

不观世界，何来世界观

家庭虽是个温暖的避风港，但孩子唯有走出家门，与外界接触，适应社会的各种挑战，才能真正地成长。

现在很多家长对孩子过度宠溺，让孩子成了家中的“小霸王”，对父母呼之即来，挥之即去。常有朋友问我：“你是否会溺爱老旦？”我总是微笑着回应：“我爱孩子，但不会娇惯他。”我坚信，孩子在家中应尽早体验生活的酸甜苦辣等各种滋味。这样在他们步入社会后，才能更容易融入其中。当老旦升入初中时，原本小学时稳定的家庭秩序因升学而被打乱，他倍感压力，内心渴望被理解。然而，我作为母亲，却未能及时变通，依然严格要求，忽略了他的感受。那段时间，老旦与我之间充满了“火药味”，我们全家都觉得这是家庭关系最为紧张的阶段。

冲突，虽然言辞激烈，有时甚至可能伴随肢体动作，但这也是一种沟通方式。冲突过后，我们总能平心静气地坐下来，深入探讨冲突的根源。无论是老旦因睡不醒而错过早饭，还是回家无端发脾气、乱扔衣物，或是沉迷于手机小游戏，这些看似微不足道的小事，若我们都能放长远看，以宽容之心相待，便不会陷入无休止的争执中。

我们共同回忆起曾读过的《基督山伯爵》，主人公在曲折的复仇过程中，逐渐反省自己是否偏离了初衷；《活着》中的福贵，在历经亲人离世后，仍孤独而顽强地活着；《绿山墙的安妮》中的孤女安妮，虽不断闯祸，却也在不断纠错中，最终成为绿山墙的快乐主人。这些故事，教会了我们适时改变与坚韧不拔的重要性。

我们还聊起了共同旅行的经历，对社会与地理有了初步的认识；参观博物馆，对历史与文物有了感性的了解。我们学会了与人交往，感受风土人情，纵情于江河湖海，流连于三山五岳。虽然还远未达到“读万卷书，行万里路”的境界，但每每聊起这些经历，老旦的心境都会豁然开朗。他意识到，世界如此美好，何必为家中的小事而与母亲争执不休。于是，大事化小，小事化了，我们母子之间的关系也逐渐变得和谐稳定。

DATE　　WEEK　　WEATHER

破

青春破晓

这是老旦值得回忆的日子，是从稚嫩走向成熟的华丽蜕变。虽然烦恼依旧如影随形，但是浪漫青春已悄然来临。这是一场关于自我发现与自我释放的庆典，老旦在梦想与挑战中，逐渐找到了属于自己的节奏与色彩，迎来了生命中最为绚美的时代——青春期。

老旦又不打算娶老婆了

2024 年 2 月 29 日

老旦今天回家，一副兴高采烈的样子，既兴头十足又很神秘地和老妈说："妈妈，你猜猜我现在像什么呢？"

老旦边说边把头向前探着，还左右来回地摇晃，身体也随着头的节奏摆来摆去。

老妈说："很显然，这是一条鱼嘛。"

老旦对老妈的答案并不满意。老旦加快了摇头的速度，把两只手藏到背后，身体在快速地摇摆中迅速向前跑，还不忘向两边看看，然后说："再猜。"

老妈说："怎么看也是一条鱼呀，一条努力向前游啊游的鱼！"

老旦皱着眉头说："今天我们生物课讲的是男性生殖系统。老妈你再猜，我现在是啥？"

老妈一时有点发蒙，说："我又不是你肚子里的蛔虫，猜不出来。"

老旦看着老妈，继续神秘地说："我们今天学了男性的生殖系统，还看了一群精子奋力向前游的视频，我现在是一个小精子，游啊游，努力游向卵子，在游的同时向两边看。呀，旁边的兄弟姐妹可真多。"

老妈说："你们现在多好，老师还给讲这些知识，我们小时候老师只是轻描淡写地讲几句，然后让我们自己看书，就完事了。那会儿大家都很害羞，不好意思提及这部分知识。”

老旦说：“我们也有点害羞，毕竟男生女生坐在一起呢。讲课的时候，女生们很不好意思，头都快低到桌子底下了。其实，男生们也很害羞。男生们只是私下放得开，哈哈。”

老妈说：“其实，我们女生私下也会聊私密的话题呢！”

老妈继续说：“既然你都学得这么深入了，咱们也可以敞开聊聊。我给你讲一讲你是怎么来到这个世界上的。”

老旦显得很感兴趣。

老妈说：“遥想当年，你还是一个精子的时候，你从千万个兄弟姐妹中脱颖而出，与卵子相遇，成为受精卵。你又在老妈的子宫里孕育了九个多月，然后出生。”

老妈接着说：“你看，你来到这个世界多不容易，你可得珍惜你的生命，好好活出精彩的人生，才不虚此行。否则，你的那些被击败的精子兄弟姐妹得有多难过，它们多渴望能到这世间走一走。”

老旦听着，思维快速跳转到一边，假装是自己的精子兄弟姐妹，伸出手指头指着老旦，要痛骂那个不好好珍惜自己的生命、不好好生活的老旦；很快又跳转回来，信誓旦旦地说，一定替那些被自己击败的精子兄弟姐妹活好。

老旦入戏很深呀！

老妈说：“老妈为了你的出生，肚子上挨了一刀，还有产后的胀奶引发了乳腺炎，胸前就像坠了两块实心的砖头，疼痛难忍，奶水也憋回去了。这就是为什么你是吃奶粉长大的，而不是吃母乳。老妈为了你的出生，也是受尽了磨难。当然了，老妈说这些不是向你邀功。”

当老旦听到老妈讲述生育自己的痛苦经历时，张大了嘴巴，一副吃惊和心疼的样子。

老妈淡淡地说：“不要大惊小怪，每个妈妈生宝宝的时候都不轻松。我小时候和自己的闺蜜发誓，长大后一定不生孩子，可是长大后谁也没有遵守誓言，老妈还不辞辛苦地生了姐姐和你。”

老旦有些害羞。

老妈摸摸老旦的头，说：“以后你长大了，结婚娶老婆了，一定要心疼她，好好爱她。”

老妈告诉老旦要好好珍惜自己的生命，活出属于自己的精彩，老旦使劲地点头。老妈说以后老旦结婚娶老婆要好好地疼老婆，老旦突然冒出一句：“老妈，一个人多自在，我长大了能不能不结婚，不娶老婆？”然后老旦像一条鱼，想从老妈身边溜走。

老妈一把没有抓住，甩出一句话：“不行！你不娶老婆，我去哪里抱孙子！”

老旦扔下一句：“有老姐呢，抱外孙也一样。”

两人哈哈大笑。

这时，老爸听见母子俩乱哄哄地笑着、吵着、闹着，也从房间出来凑热闹，问我们在笑啥。母子俩笑着看了老爸一眼，然后各自散开，只留下一脸莫名其妙的老爸傻傻地站在门口。

轻诺必寡信

2024 年 3 月 1 日

晚上，老旦和老妈讲：“美术老师布置了一项作业，3 月 5 日学雷锋日快要到了，每人完成一份学习雷锋的画报或者书法作品。一下课，好几个朋友都委托我代为完成作业，最后我只答应了三个最好的朋友。”

老妈一听傻眼了：“老旦呀，你答应之前有没有考虑过，一幅作品可不是那么容易完成的，从找内容、设计到书写，就算老妈找好内容，设计好，你只负责写，一幅简单的作品也得一二十分钟吧，加上你自己的就得四幅作品，少说也得一个多小时，你哪里来那么多的时间？”

老旦并不在意：“下周一才收作业，还有一周的时间，不急。况且我已经答应人家了，不能食言，平时的作业我抓紧写，周末给大家完成了。”

老妈无奈：“好吧。”

到了周末，老旦完成自己作业的时间都很紧张，老妈又发起牢骚：“老旦呀，你干吗揽人家的作业呀。一个人完成一份用一二十分钟，可是一个人完成四份需要不少时间呀。”

老旦也有些抓狂：“那怎么办呀，因为帮朋友代写这份作业，他们给我买奶茶喝了。”

老妈：“平时都不让你喝奶茶，干吗喝人家的呀？俗话说，吃人家的嘴短，拿人家的手软，况且代写作业本来也是不对的，以后不要轻易许诺人家了。”

老旦也开始发愁：“要不我发短信告诉他们，我写不了了，让他们自己写？”

老妈：“轻诺必寡信，以后记得不能随便许诺别人。”

老旦答应。

后来，老妈向老旦建议：“要不要老妈替你写？”

鉴于老妈的字写得也还行，老旦犹豫再三同意了。等看到老妈写的替代品，老旦却不满意了，说：“还是我自己写吧，以后我不随随便便应承别人就好了，但是这回我答应了朋友就要说到做到，不能失信于我的朋友们。我自己的那份可以糊弄，替别人完成的不能糊弄。”

老旦认认真真地帮朋友们写书法作品，写一会儿就自己左瞧瞧、右看看，有不满意的地方还坚持重新写，一直写到自己满意为止。

终于，遵照承诺，完成托付。

被叫家长

2024 年 3 月 13 日

老旦被叫家长了。

晚上回家，看爸妈都在，老旦替老师传话：“你最近作业总写不完，这件事情可得处理一下。明天叫你家长来一趟。”接着，老旦又甩锅道：“老师发现我作业写不完的原因是老妈要求晚上十点半必须上床睡觉，天塌下来也要先睡觉。”

尽管老师再三向老旦解释，只是沟通，不是告状，老旦还是认为请家长是山雨欲来风满楼。

老妈是个直肠子，安慰老旦说：“我可以去见老师，我就说你这两天感冒了，睡眠不够头晕，身体比学习重要。”

老旦一惊：“你跟老师不能这样说啊，老师很倔，你得顺着他。”

老妈一副死脑筋：“我也很倔呀，还认死理。头可以点，但是觉照睡。如果不行，那我就不去了，万一和老师吵起来，得不偿失。”

老妈给老旦递了个眼神。老旦瞬间心领神会，一边说给老妈听，一边对着老爸说：“老师说了，不是告状，只是沟通。我已经就这件事做过调查了，请家长与学习成绩无关，很多同学都被请过家长。再说了，我这个学期没有捣乱——其实是开学时间短，还没顾得上捣乱。”

老妈看着老旦龇着牙直乐，问老旦：“话是这么说，那你紧张什么？”

老妈瞧着老旦，又朝老爸的方向使眼色、努嘴巴。

老爸不知是计，自投罗网，大义凛然地说：“我去吧，我去见老师。”

老旦和老妈异口同声：“好嘞！要的就是您这句话。”

晚上回家，老旦讲：“下午时，据我同学通报说，老师正和一个中年男人聊天。于是我又派另一个同学前去打探。他说那个男人头发花白，和老师聊得挺好。我说对了，那个人肯定是我爸爸。既然聊得挺好，我就放心了。”

老爸汇报和老师的谈话内容：“老师们说，感觉老旦开学以来不开心，不像以前那么阳光开朗爱热闹了。”

老妈：“才开学两周，老旦还没有从寒假缓过神来，又碰上感冒生病，还得上学，咋能高兴得起来。”

老爸：“老师们想知道咱们家是不是有什么变故，导致孩子不开心。”

老妈：“要说变故，那就是爸爸变忙了，中午不回家了，晚上回家也晚了。回家不是打电话谈工作，就是累得不想动，总是耷拉着一张疲惫的脸，不爱搭理人。娃高兴才怪。”

老爸刚要张嘴，老妈又讲：“我娃咋就不开心了，我看娃挺好的，作业和笔记写得整整齐齐，每天也愿意抽空背单词了。娃长大了，不嘻嘻哈哈了，这不是很正常？也许过两天又嘻嘻哈哈了。”

老爸嗔怪：“你能不能闭上嘴巴，听我把话说完。好几位老师都说他上课不专心。老师们分析，是作业写不完导致压力大，压力大导致不专心。”

老妈：“哎呀，这可是个问题。”

然而，老旦并不认为这有啥问题：“我最近举手回答问题少了，是因为我转向思考问题了。我不爱热闹是因为我在认认真真写作业，我同桌看我看得紧。我觉得各科我都学得更好了，如果老师们觉得我不够闹腾了，那我就闹起来！”

老爸：“我们要正确看待老师叫家长这件事。老师发现学生行为异常，第一时间和家长交换意见，这是负责任的表现。宁可虚惊一场，也不能一无所知，漠不关心。再说，第二学期比第一学期的内容难了很多，以前攒下的老本都吃完了，新鲜感也降低了，定期分析一下环境和自己的状态也很有必要。”

老妈点头：“有道理，老旦，对于老师的提醒，我们要认真对待。”

老旦：“那我作业写不完怎么办？”

老爸：“只要尽力就好。”

老妈还是一根筋：“那也得尽量早睡吧？”

老爸：“是得尽量早睡。”

老旦：“好，还和原来一样。”

怎么感觉哪里不对？

交友

2024 年 3 月 20 日

老旦每天回家都要和老妈聊天。

学习是老旦自己的事，所以聊学习很少。交友也是老旦自己的事，但是老旦更喜欢和老妈分享。

有一次，老旦讲：“妈妈，我从你那里学会了‘冷嘲热讽’的本事，从老姐那里学会了施以小恩小惠的本事，从老爸那里学会了和稀泥的本事。今天我就和了稀泥。有两个同学闹矛盾快打起来了，他们都是我的好朋友呀，我可不希望他们打架伤和气。我拽着一个人一通和稀泥，又拽着另一个人一通和稀泥，结果他俩竟然和好了。”

老妈：“你这稀泥是怎么和的？”

老旦：“妈妈，我每天脑子里想的事太多了，我忘记咋和的了。”

又有一次，老旦写了几幅字，拿到学校送同学，回来讲：“有个同学叫小胖，他眼疾手快抢了一幅，我又从他手里要了回来。”

老妈：“都到人家手里了，你再要回来，不太好吧？”

老旦：“我故意不给他的，他人缘不好，我也不喜欢他。他和一女生打架，他竟然打女生！那女生人可好了，班上很多人都是她的好朋友。”

老妈：“哦，你可以试着和他相处，或许能发现他的优点呢。你可以告诉他和女生打架不对。如果他改了这个缺点，下次你专门给他写 幅字。”

老旦对老妈的话半信半疑，又觉得老妈的话有些道理，就决定试一试。

过了两天，老旦回家说：“一下午6小时的高强度学习，消耗特别大，所以我们都会带点饭。今天下午小胖什么吃的也没带，可他的人缘一般，到了吃饭时间，他在教室里溜达了两圈也没找到吃的。妈妈你说过让我试着和他搞好关系，我就给了他一个饺子。他对我感激涕零。我趁机说他打女生不对。他说自己也知道做得不对，也很后悔，以后不会再和女生打架了。”

隔天老旦讲：“课间时，我和同学们一起逗小胖，我还头脑发热地给人家取了个特难听的外号。当下小胖生气了，我也后悔玩笑开过了头，但是还没来得及道歉，小胖就主动跟我和好了。我发现他人很大度，不记仇。”

老妈很八卦，问：“取了一个什么外号？”

老旦摆了摆手说：“这不能告诉你。”

又过了几天，老旦又讲起小胖：“妈妈，我和小胖成了好朋友，他经常不带吃的，我有东西也会分给他。如果他带了吃的，每次分给我的都比分给别人的多。我发现，小胖人不错。现在如果有人欺负他，我不会坐视不管的，肯定会帮他化解。”

老妈：“可能他有他的难处呢，越是这个时候你越应该多关心他。患难见真情嘛，也许他会成为你一辈子的好朋友呢。一个好汉三个帮，好好和他相处吧。”

月考完，老旦回家第一句话：“妈妈，小胖这次月考考了全班第四名，太牛了。”言语里满是敬重。

后来，老旦把自己写的一幅字亲手送到小胖手里。小胖不敢相信这是专门送给他的，再三确认后，小胖感动不已。老旦讲：“小胖夸我人太好了。我本来是悄悄塞给他的，不承想小胖立刻把字展开来，当着全班的面大声宣告这是我专门写给他的字。结果可想而知，好几个朋友来问，为什么没有他们的。”

呵呵，老旦眼里的小胖，从不喜欢，到试着接受，到成为好友，再到尊重，前后不到一个月时间。看来，对一个人的认知是可以变的。

班里每隔一段时间都要调整学习小组，也就意味着调换同桌。每回调换同桌，老旦都依依不舍，因为老旦总是认为前任同桌太好了。

老妈说：“没关系，把新同桌也‘干掉’（我们称和同桌处成铁杆朋友为‘干掉’）！你想想，把每任同桌都‘干掉’，三年下来你得有多少个老铁。”

果然没过两天，老旦回家说：“我这次的新同桌不比前任差，教我题，和我比赛写作业，还和我讲笑话。这点比前任强，前任每天只管督促我学习。”然后话锋一转，有点遗憾地说：“可是，我的前任这两天和我说话酸酸的，感觉不如从前好了。”

老妈：“可能是你理解错了，你好好想一下，应该是铁哥们儿才会用那种酸不溜丢的语气，因为他觉得你俩太好了，不用顾忌太多。”

老旦想想：“有点道理。还有，那位曾经自许我们班书法家的同学，我和他已经是好朋友了，可他有时候说话也酸溜溜的。”

老妈：“也是一个道理呢。我有个朋友，遇事他就敢当面批评老妈做得不对。那哥们儿批得越狠，老妈越高兴，知道为什么吗？因为老妈知道他是个敢说真话的真朋友。”

老旦：“哦，真朋友说话不会顾忌太多，真朋友敢说真话。老妈我知道了，我的朋友都是真朋友。”

老旦又说：“老妈呀，我在班里学习成绩肯定排不到前面，但是，论情商，论人缘，论受欢迎程度，我肯定是数一数二的。同学们都是我的好朋友，并且都是真朋友呢。”

老妈欣慰地笑了：“老旦呀，人这一辈子不可能总碰到脾气、志趣相投的人。能和对脾气的人处好，不是难事，能和性格不合、志趣不同的人处成朋友，那才是本事。继续努力哟！”

爱心义卖

2024 年 3 月 28 日

学校组织爱心义卖，旨在模拟市场交易，提倡健康的消费观念。老旦听说这个消息，一开始并没有参与的想法。

结果，老妈鼓动老旦尝试一下：“老旦呀，写几幅字卖吧。”

老旦本能地逃避：“肯定没人买。”

老妈：“能不能卖得了，你说了不算，买家说了算。写几幅试试，也许能卖掉呢。如果卖不了就送人。”

老旦被老妈说得动心了，一中午的休息时间，撸胳膊挽袖子，写了八幅字，装进袋子拎着去学校了。

老妈整个下午都盼望时间过得快一些，想知道老旦卖字的结果。

终于，老旦哼着小曲儿，拎着一袋子东西回到了家。还是那个袋子，拎出去的是字，拎回来的是老旦的收获。老旦从他的宝物袋里一件一件地往外掏：一个魔方，几枚铜钱，一把写了毛笔字的扇子，一本可以变成彩灯的清明上河图书，一袋薄脆饼干，一个手指陀螺，三本英语童话故事书，竟然还有一条据说是18K金的手链，老旦说是给老妈的生日礼物。

“这些东西可得不少钱吧？”老妈感动坏了，接着感叹，“你可是一分钱没带呀。”

接下来，老旦给老妈老爸做精彩陈述：

“我刚去学校时，就有个同学瞧见我拎着字，他说：‘你打算卖字？肯定没人买。’我像被浇了一瓢冷水，心里没了底气，都不打算卖了。这时，我的好朋友过来非要买一幅。我心想，我都给你好几幅字了，咋还要买？但是好朋友张嘴了，我估算了一下买纸的成本，就卖给了她一个斗方。不想过了一会儿，她带着她外班的朋友来买我的字，还帮我把字铺开在地上，同时叫卖：‘来买呀，我们班的大书法家的字！’喊得我都有些不好意思了。

“有位外地来学校进修的老师看上了我写的隶书斗方。老妈你知道吗，当时那位老师一眼看上了我的条幅，一个劲儿地夸我的魏碑写得好，问我跟谁学的，学了几年了，打算一幅卖多少钱。我介绍了我的魏碑老师，说我从六岁起跟着老师写字，我也不知道该卖多少钱。进修老师说：‘你来卖字，肯定要说个价格呀。’我说：‘您看着给吧。’那位老师拿了两幅字，给了我50元钱。后来我就按照每幅25元钱的价格出售我的字。

“我不是忘记带钱了吗，我先找同学借了60元钱的启动资金，我卖字挣的钱，不仅还了启动资金，还买了这么多东西。其实，我还买了几件好东西，后来被我加价两三元钱又卖了出去。最后，我捐了5元钱，现在只剩了1元钱。”

老旦一口气讲了一大堆，边说边从袋子里翻出剩下的1元钱给老妈老爸看。那1元钱昂首挺胸地躺在袋子底，仿佛骄傲地说：“我能留在这里太难了。”

老妈顾不得算老旦的账，喊老爸：“快帮我把儿子花15元钱给我买的礼物戴上。太珍贵了，这可是我儿子用自己挣的钱买的。”

老爸赶紧过来给老妈戴上，后来老妈觉得戴着它干活不利索，就摘了下去，把它珍藏了起来。

老旦又说：“我买的那把扇子，卖扇子的是个女生，她也是写毛笔字的，却没有人买。我看重她扇子上面书法的格式，我愿意给她捧个场。”

老妈心想，你还懂得惺惺相惜呢。

老旦接着说：“清明上河图的彩灯是我花30元钱买的。活动结束回到教室后，有个同学非要用100元钱买下它，我说这个我喜欢呢，不卖。活动结束前，我还用4元钱买了杯果汁。等我回到教室，正好听见一个同学说渴死了，我立刻把果汁放到他面前，问他7元钱买不买。他眼睛一亮，真的给了我7元钱，然后一口气喝完果汁，直说痛快。”

老妈做总结：“学校组织的这次义卖，如果往小看就是一个集市，往大看可以看成一次商品交易会，比如每年举办的广交会、上交会，那里面蕴藏着无限商机，普通人只是看看热闹，有眼力的人常常能发现商机、创造商机。你这次唯一欠缺的，就是如果你把还想要字的人的名字登记下来，你就完成了一个环节，叫订货。”

老妈同时感慨：“你那几个好朋友，将来可都是做生意的好材料。”

老旦说：“老妈，我也是块做生意的好材料呢。”

郭靖和韦小宝

2024 年 3 月 30 日

老旦读完《鹿鼎记》已经有一段时间了。韦小宝的讲义气、甜嘴巴，以及八面玲珑的性格，给老旦留下了深刻的印象。

可能最近学习压力有些大，老旦想换换脑筋，放松一下，于是又翻出《鹿鼎记》，美滋滋地读起来。对于老旦来说，《鹿鼎记》是他越是忙碌到四脚朝天，越是烦恼到极致，越想读些轻松解闷的第一部书。

老旦趴在床上读《鹿鼎记》时咯咯直笑，爸妈被老旦的笑声吸引过去。老爸问他笑什么。

老旦笑着说：“韦小宝就是个‘工具男’，打仗全靠法宝，又是耍暗器，又是防弹衣，一会儿扔银票，一会儿扔石灰。人家郭靖就不靠外物，全靠真功夫。他的降龙十八掌天下无敌。”

老爸又问：“那你喜欢韦小宝吗？”

老旦说：“喜欢！把功夫练到郭靖那种程度的人实在太少了，普通人打仗估计还得靠工具，再有就是靠朋友。韦小宝和人相处，他每次都是尽量给别人帮助，而不是光知道占便宜；不是光想着让别人关心自己，而自己不关心别人。看似每次都吃亏，但他总能在遇到困难的时候得到朋友的帮助……而且他能够把好多厉害的人物都集中起来，不管什么困难，都能找到最适合的人来解决问题。我觉得一个牢不可破的团队，需要郭靖，也需要韦小宝。”

老爸又问：“他们俩有什么相同的地方吗？”

老旦想了半天，说：“他们可是两个迥然不同的类型，不过他们有个共同的特点，就是不怕困难，而且每克服一个困难就会变得更强大一些。”

老爸又问：“那韦小宝和郭靖，你更喜欢谁？”

老旦：“韦小宝呢，他的朋友更多些，可能是因为他自己武功不高，如果不靠会武功的朋友，好多事情都做不成。他好像总是惹事，总是被追杀，满世界乱跑。他能活下来并且混得那么好，偶然性似乎大于必然性。韦小宝还有个缺点，就是太花心。郭靖有真本事，为人踏实，对黄蓉始终如一。他俩我都喜欢，如果必须选择一个，我更喜欢郭靖。”

老妈调侃道：“黄蓉，你喜欢不？”

老旦痛痛快快地回答：“喜欢。”

老妈继续问：“那你是不是因为喜欢黄蓉，所以才喜欢郭靖多一些？”

老旦摇头：“不是因为这个。”

老妈：“哦，也就是说，你喜欢郭靖和黄蓉，是各有各的喜欢，没有必然联系。”

老旦认真点头。

紧接着，老旦跳到地上站定，一只手比画在胸前，另一只手在空中画个圆，然后从胸前推出，据说是“亢龙有悔”的招式，然后问爸妈：“我比之郭靖和韦小宝两位，如何？”

老爸仔细思索着，想给出一个满意的答案。老妈盯着老旦看了半天，语重心长地说：“认真起来呢，好像比郭靖还认真；捣蛋起来呢，肯定比韦小宝还要捣蛋。”

两人听了，哈哈大笑。

老旦有点自豪又有点怀疑地问：“老妈，你说的是我吗？”

知道的东西越多，反而不知道的更多

2024 年 4 月 17 日

晚上，老旦跟在老妈身后，分享自己的感受：“老妈，你总说知道的东西越多，才发现自己不知道的东西更多。以前我理解不了，笑话你怎么可能，知识总量就那么多，肯定越学越少。现在我理解了，我学到的知识越多，才发现不知道的更多了。”

老妈笑着，说：“老旦，你顿悟啦！其实可以这样理解，假设知识是无边际的世界，画一个圆圈，把你知道的知识圈到里面；从你出生开始到逐步认识世界，你的知识总量越多，这个圆就变得越大。外面的世界是未知，里面的世界是已知，已知和未知的接触面就是你的感受，接触面越大，你感受到自己不知道的东西越多。”

老旦仔细想了想，有些垂头丧气：“那我还学个啥劲呀！”

老妈：“这个就叫知识的‘边界效应’。”

老爸接过话题：“学，然后知不足。形成良好学习习惯的人，越学越觉得需要学习的东西越多，疑惑越多；反之，会觉得自己的知识已经足够了。爱学习的人的眼界、境界处于放大的状态，而不爱学习的人，眼界、境界停滞不前，甚至有可能缩小。别人前进，你不动，所谓‘不进则退’，就是这个道理。”

老爸又说：“简单说，享受学习的过程，体验学习的获得感，不把学习当作任务，这才是学习的目的和动力。人生因为不断学习，而变得丰富多彩。你看爸爸妈妈，虽然年龄大了，但是还在学习，就是这个道理。”

老旦释然：“哦，那我还是得好好学习。”

要去滕王阁

2024 年 4 月 28 日

周五晚上，老旦回家躺在床上发呆，躺着躺着，竟然嘤嘤哭了起来。

老妈坐到身边，拍拍老旦，问为啥哭。老旦边哭边诉苦："我已经有半个多月不开心了，期中考试我都没有好好复习，我复习不到心上。"

老妈附和："嗯，爸爸妈妈早发现了，这次期中考试前两天你都没有复习。为啥不开心呢？"

老旦："我都快一年没有出去玩了，眼看'五一'快到了，同学们都要出去玩，高同学要去桂林，李同学要去成都，呜呜呜呜……只有我哪里也不去。"

老妈吃惊："老旦，我前几天问过你，你说不想出门的。现在交通这么发达，你说想去哪里，咱就去哪里。"

老旦擦干眼泪，和老妈讨论去哪里好。

老妈说："哪里都好，人多好吃饭，不如我们随朋友一起去看一看南昌起义纪念馆？"

老旦同意。老妈立刻联系朋友。朋友说，南昌起义纪念馆已经预约满了，但是可以去滕王阁，如果会背《滕王阁序》还可以免票。

老旦一听免票立刻来了精神："妈妈，我要背会《滕王阁序》，我要免票。”

老妈上网查《滕王阁序》，全文773个字。此时距离“五一”只有四五天时间，除去上学写作业，真正可以用来学习背诵《滕王阁序》的时间所剩无几。老旦不以为意，坚持说：“我一定要背会《滕王阁序》，我要免票。”

说干就干。中午回家，老旦不睡觉，背《滕王阁序》。晚上回家，写作业前，老旦和老爸热火朝天地学《滕王阁序》，真可谓“逸兴遄飞”。父子两人打算一起攻克《滕王阁序》。老旦想拉老妈一起，老妈赶紧抬起胳膊，把头缩进胳膊弯里：“您二位加油！我就算了。”

老妈想知道老旦心里能不能藏住事。第二天，老旦放学回家，老妈问：“你有没有告诉同学‘五一’你要去南昌旅行？”

老旦干脆利索地回答：“没必要告诉别人，我谁都没有说。”

老妈点点头，觉得这娃心里挺能藏事。

第三天，也就是“五一”前一天，老妈又问一遍同样的问题。

老旦有些迟疑：“嗯，同学们看见我背《滕王阁序》，问为啥学这么高深的文章，我告诉他们‘五一’假期要去南昌滕王阁现场背诵，会背《滕王阁序》的可以免票，我想要免票。”

老妈：“有几个同学知道你要去南昌？”

老旦有些不好意思：“妈妈，全班同学都知道了。”

老妈笑晕，这娃真是“不鸣则已，一鸣惊人”。

背《滕王阁序》小结

2024 年 5 月 4 日

在南昌的最后一夜，老旦睡不着觉，和老妈躺在床上聊天。

老妈提议："老旦，我们总结一下这次的旅行如何？"

老旦附议："好啊。"

老妈问："你背下来《滕王阁序》用了几天时间？"

老旦略微回忆，说："'五一'前三天，我上了两天学，还要写作业，只有最后一天开运动会时，我背了背。"

老妈推算："那么，加上五一这两天，其实你只背了三天，对吧？"

老旦回味："开运动会那天我其实都想放弃了。只剩三天，我连结尾的滕王阁诗都没有背下来，更别说正文了。"

老妈很好奇："那你后来咋又决定背了？"

老旦扑哧一声笑了："架不住你一个劲儿地鼓励呀，你总说可以完不成，但是不能不努力，不到最后不能放弃。我也认真想了想，努力了有可能完不成，但是如果不努力，肯定一点成功的可能都没有呀。"

老妈很兴奋："我平常说的'废话'原来你都听进去了呀。"

老旦自豪地说："还得感谢我爸遗传给我的优良基因。我发现，只要认真，我背东西很快。"

老妈带着一丝庆幸地说:“这点幸亏没有随老妈，让老妈背东西真比骆驼穿过针眼还难。”

老旦安抚老妈:“妈妈虽然记忆力差些，可是老妈会谋划呀。”

老妈有点小确幸:“这倒是真的，我们原计划 5 月 4 日直接去背诵的，但是老妈提前研究了天气预报，发现当天有大雨，就想着 5 月 3 日下午先去试一场；老妈计划着 5 月 2 日去踩点，相当于考前看考场，我们不仅知道了背诵的具体地点，还知道了每天上午、下午各放号一次，去晚了就没有号了。这样既能保证一次就排到号，又能给你留条后路，万一没过关，第二天早上还能再试一回。”

老妈又说:“我这样计划的缺点就是你又少了一天准备的时间。不过，老旦你真牛，我没有想到，在不影响正常学习的情况下，你用三天时间就背会了《滕王阁序》。”

老旦说:“妈妈，我也向你学会了谋划。我在背诵现场观察了好久。背诵限时 6 分钟，最多只能错 3 次。我发现，考察老师有六个人，离调度老师越近的，要求越高，通过率越低，尤其是第一位和第二位老师。所以叫到我的时候，在条件允许的情况下，我选择了离调度老师最远的老师。”

老妈觉得这娃可真够有心的，补充道:“其实打铁还需自身硬。因为你背会了，所以找哪位老师都能过关。”

老妈好奇地问:“刚刚开始时，我看见你和考察老师聊了几句，是不是一开始就错了一次？”

老旦呵呵一乐:“我那是告诉老师，如果我错了，一定要提醒我。”

老妈调侃：“哦，我以为你一开始就错了，心想，没戏了，明天还得再来。”

老旦说：“我一共错了两处，距离6分钟差几秒的时候正好背完。我要是再错一处就完蛋了。我以为自己已经背得滚瓜烂熟了，肯定一处也不会错。”

老妈进一步分析：“你看，你觉得自己有百分百的把握，还错了两处，如果按照可以错两处准备，那么考察时背诵的效果肯定要比平时大打折扣。又比如，这回数学考试，你考了84分，你说被扣掉的6分是因为大意了没有看清题。如果加上这6分，你就是90分，就和大李一样了。可你想过没有，大李回家也和妈妈说，有6分没看清题，他如果加6分，是啥情况？”

老旦：“那他可能就是全班第一了。”

老妈继续：“对呀，谁都回家说自己大意了6分，那么结果还是现在的排名。所以，没有如果，会就是会，不会就是不会，对就是对，不对就是不对。错了只能说明咱没有学扎实，加油就好。这次背《滕王阁序》，让我们联想到考试成绩会比平时的成绩打些折扣，所以以后考完试别说‘如果’，要取得更好的成绩，只有学得更扎实，对不对？”

老妈又问：“老旦，我都忘记咱聊了些啥，你还记得我们总结的有几点吗？”

老旦：“一，要学会规划；二，可以完不成，不能不努力；三，努力了，有可能完成，不努力，一点可能都没有。”

老爸是个“调色板”

2024 年 5 月 10 日

老旦最近课业压力大，心情烦躁，时不时在家发个小脾气，牢骚不断。

老妈没想惯着他，于是难免发生一些口角。

老旦常挂在嘴边一句话：“我不想学习，不想上学，我想做一个原始人。”老妈回怼：“原始人更可怜，朝不保夕，食不果腹，衣不遮体，饿你两天你就不想做原始人了。”

鉴于这种局面，老爸趁着榨果汁时大家心情都好，给老旦和老妈做思想工作。

老爸说：“我的核心观点是，困难和错误在成全我们。”

老爸继续解释：“不同的人在面对同样的困难、失败、委屈、压力的时候，表现不一样。有的以苦为乐，有的以小苦为大苦。为什么呢？因为有的人心中有美好的目标和愿景。他认为克服困难，经历艰苦是达到美好目标的必经之路！正是因为心中有美好的东西在召唤，他就不会烦躁呀、悲观呀。就像唐僧要去西天取经，对唐僧来说，取经是一个美好的目标，所以他不认为八十一难是在折磨他，反而是在成全他。”

老爸接着说：“同样地，我们在生活中总能遇到很多和我们差异很大的人，对同样的问题，观点不一样。这个时候我们也许会质疑、讨厌、排斥他，但也可以欣赏彼此之间的差异。‘为我们的差异而欢欣’。”

老爸继续说：“当我们犯了不同程度的错误时，怎么来对待呢？如果我们完美要求自己，一点儿错都不能出，那么我们可做的、敢做的事情就会少很多，而对犯错的纠结会多很多。智者说，年轻的时候不要怕犯错，没错过怎能知道怎么做才是对的？一般情况下，从错误中学到的东西可能更多。我们追求的不是不犯错误，而是从错误中学到东西，所以我们容许自己犯错误，也是在成全我们。”

老爸从前也给母子俩做思想工作，但是这次的时间点选得恰到好处，所谓天时地利人和，老旦认真听到了心里。听完，老旦心悦诚服地和老妈讲：“妈妈，我们争吵个啥劲？爸爸不用引经据典，就能把咱俩说得哑口无言，爸爸是咱家的博学之人，我以后也要做爸爸那样博学的人，克服困难，不怕犯错误。”

老妈：“是啊，爸爸的话四两拨千斤，我也要坚持读书，提高修养，和你一起克服困难。”

老爸满意地笑了。

晚上，老爸忍不住炫耀：“这是我思想工作做得最成功的一次，看来我也要更加努力！”

家庭“民主生活会”

2024 年 5 月 26 日

吃晚饭的时候，老爸心血来潮地说：“我们来做个游戏吧。”

听说是做游戏，老旦很兴奋，老妈也很期待。

老爸见两人都比较感兴趣，也就不再卖关子，直接进入主题：“我们每个人都要帮助另外两人找找缺点。”

老旦理解不到游戏的目的：“你这不是要让彼此都闹矛盾吗？”

老爸特别强调和解释：“这是在帮助人，不是闹矛盾。”老爸请老旦先讲。

老旦略微想了一下，说：“老妈有时不谦虚，做一点点好事，时刻挂在嘴边，就怕别人忘记；老妈总是批评别人，却从来不接受别人的批评。”

老妈刚要辩驳，瞥见老爸递来的眼色，就把刚到嘴边的话生生咽了回去。

老旦又说：“老爸是‘稀泥歌剧院’（这是专用语，是说老爸不讲原则），凡事都喜欢和稀泥，却不想着如何解决问题。”

老爸就比老妈淡定，毕竟帮别人找缺点的建议是他提出来的。老爸一本正经地说：“我确实有这么个缺点，我诚恳接受老旦的批评指正。”

还没等老妈对老旦提出的缺点认识到位，老爸就开始提意见了：

“老妈在老旦学习的时候总挑起话头，影响他专心学习。建议有什么想法先记下，等别人学习结束了再提。”

敢情这是专门给老妈开“批斗会”。老妈马上辩解：“更年期了，好不容易想起来，不马上说，一打岔就忘了。”

老旦哈哈大笑：“看，我刚才的意见提得多中肯！”

老爸显然是有备而来的。老爸给老旦提意见：“老旦有时候控制不住自己的情绪，爱发脾气。”

老妈忙打圆场：“孩子到青春期了，激素水平不稳定，偶尔发个脾气很正常。”

但是，出乎意料，老旦表示诚恳地接受老爸的批评。

轮到老妈给老旦提意见：“老旦总乱扔东西，用的时候又找不到，因此浪费了很多时间。”

老旦也表示接受。

老妈张口要给老爸提意见时，欲言又止，看了看老爸，只说：“不提了，提了几十年也不改。”

老旦最喜欢起哄，也附和说深有同感。

老爸还没来得及解释，老妈和老旦已经各自起身，拂袖而去。

留下老爸自己感叹：“哎，开个家庭‘民主生活会’怎么这么难？！”

家庭会议

2024 年 5 月 28 日

参会人员：老爸，老妈，老旦

记录：老爸

会议议题：1. 老旦的月考结束了，需要对月考做总结。2. 老旦需要娱乐。3. 老旦不应该过量吃冷饮。

会议内容记录：老旦就月考发表总结。

老旦：

“我这次月考，从语、数、英来分析，语文还可以，我打算继续努力。数学因为在外面上了课，有了依赖心理，所以在学校的功课反而有松懈，题型没有掌握，速度也上不来。我打算每天有问题及时问同学，不让问题越攒越多。考前再多看看笔记。英语的情况是因为老师最近有点严格，我在心理上有抵触情绪，积极性下降，导致成绩下降。改进的措施是从今天开始每天背课文，背单词。道法课很快要学到法律了，到时候需要老爸帮忙，历史、地理都没有问题。

“总的来说，对考试有点麻木了、不认真了，特别是考到最后剩下五分钟时已经累得不想写了，就干脆不写了。

“还有一个负面原因就是从期中考试到月考，我的座位基本在倒数第二排，听课效果比较差。”

老妈：

“关于老旦学习方面，主要是思想上有些放松，这回老旦自己已经做了总结，我觉得比较中肯，关键是要看下一步如何落实到位。如果知道要好好学习，一到两周应该就能补起来。由于时间关系，我在这方面就不多说了，咱们在学习中具体商量。

“我今天要说的第一个问题是，老旦想要添加微信好友。老旦好久不玩平板电脑了，所以我今天想给老旦调试一下，但是我发现一个问题，老旦的平板上添加了一个叫“快手”的 App（手机应用软件），并且这个 App 在前天半夜十二点多还在播放小视频。我回想起来，此前有一天半夜，我听到老旦的屋里有动静，过去看时老旦正趴着睡觉。我当时很奇怪，老旦从来没有趴着睡的习惯，而且感觉当时老旦没有睡踏实。我想请老旦解释一下这个问题。”

老旦：“不可能吧，我没有动过平板。而且平板上怎么看出来运行时间的？现在咱们打开看看。”

老妈：“这是个技术问题，非常简单，如果需要，咱们找个专业人员一看便知，这个平板几点几分开机，都浏览了什么内容，几点几分关机，一目了然。”

老旦：“好吧，考试前一天晚上，我睡不着，偷偷看了一会儿视频，后来没电了，我就再没看。”

老妈：“以后想玩平板可以跟老妈说，一个星期可以玩 1 小时，不要偷偷地玩，更不要在光线暗的地方玩，伤害眼睛。”

老旦：“你根本就不让我玩啊，上次就严肃批评了我，我就不敢再提这件事了。”

老妈："你可以随时找我商量呀，你没有提出来，怎么知道我不会答应。提出来，顶多 50% 的可能被拒绝。"

老旦："好的。"

老妈："还有一个就是吃冷饮的问题。我觉得，言必信，行必果。自从我们三个互相做了保证，我就再没有吃过冷饮。但是，老旦放学的时候，我开车去学校门口蹲守了两回，我发现老旦还有频繁偷买冷饮吃的现象。

"我打个比方，庄稼渴了，你给它浇点水，庄稼就唰唰地往高长。如果庄稼渴了，你给庄稼浇点冰激凌，你看庄稼会不会长。"

老旦："哈哈哈，庄稼全死了。"

老妈："一个道理。冷饮是不利于健康的，建议尽量不要吃。我们是本着负责任的态度来管孩子的，但是要真正地管住孩子，还需要孩子有自控力，自己管好自己。"

老旦："我知道吃冷饮不好，可是放学的时候看到同学们三三两两地去买冷饮，要忍住不买太难了。"

老妈："那要求放低些，偶尔吃一两回，不要老吃。"

老旦："好的。"

老爸最后做总结性发言：

"我们今天的沟通非常好，搞清楚了什么事情应该做，什么事情不应该做。但是由于时间关系，并没有深入地讨论知道应该做什么，却总做不好的问题。这其中一定是有什么困难克服不了。这个问题不解决，光表决心是不行的，以后还要具体讨论。"

难以控制的火暴脾气

2024 年 6 月 7 日

又是一年高考时，当别人家如火如荼地征战高考的时候，我们家却是别样的战场。

老旦情绪不稳定有一段时间了，就像一个火药包，只要有个小火星就点燃它，一言不合就“炸锅”。

有一天晚上，老旦又吐槽语文老师排练节目占用了自习课时间，他说：“整整一个多小时呀，老师有没有替我们考虑过，他占用的自习时间，是我们用来写作业的时间。最后我们得占用自己的睡觉时间写作业。”老旦觉得老师动了他的“奶酪”，越讲越生气，不停地用脚踢墙，用拳头砸门。

老妈心疼家里的门，也心疼老旦的拳头和脚，适时地建议：“老旦，你去踢沙袋、打沙袋吧。”

老旦没有被怒火冲昏头脑，起身去打沙袋了。

沙袋受到强大的冲击力，没有立住，重重倒在地上。老妈觉得整个楼板都在颤动。

老妈又提建议：“老旦，你换个方向打沙袋，这样它会往有地垫的那面倒，减小了沙袋对楼板的冲击力，就不会砸得楼板颤动了。”

老旦绕到沙袋的另一面打，果然让沙袋妥妥地倒在地垫上。老旦只是想发泄情绪，并不是为了搞破坏，负面情绪发泄完，老旦乖乖去写作业了。

还有一天，早上6：40老爸叫老旦起床，老旦睁开眼就哭闹，大有撒泼打滚的架势，说是叫起床晚了，作业补不完了。好说歹说安抚好情绪，补完作业，却没时间吃早餐，只好简单带了牛奶、鸡蛋路上吃。

老爸辛辛苦苦早起，被老旦这么一折腾，一整天像霜打的茄子。痛定思痛，老爸决定给老旦买一个定时的闹钟。闹铃定在6：20，以后老旦自己负责起床，起早起晚都由自己，不得怨别人。

从那天起，老旦果然不再需要爸妈喊起床。

但是，老旦仍然情绪不稳定，爸妈不胜其烦。老妈就想劝劝老旦。

今天，老妈看见老旦趴在床上写作业，把两只脚翘在身后晃来晃去。老妈逮住老旦的脚，惊讶地说：“老旦呀，你的脚丫子可是长大了不少，和老妈的脚一样大了！”

老旦听见，腾的一下坐起，扳着老妈的脚一通比大小。

果然，两只脚大小差不多，老旦很高兴。过年买鞋的时候比过一回，那会儿还明显小一码的。

趁着老旦心情好，老妈又说：“老旦呀，你记不记得我曾经讲过，长个子先从长脚开始？小孩子猛长的几个标志，除了脚长大了，还有情绪开始不稳定，生长痛，饭量变大，爱睡觉。”

老旦马上附和：“我每天都腿疼，典型的生长痛；饭量也比以前大些。”

老旦又想了想，有点不好意思：“妈妈，我最近是不是脾气有些大？我自己也感觉到了，脾气变大了。”

老妈一声叹息：“是啊，老旦，大概是激素水平变化得太剧烈了，所以你的情绪波动大，这是件好事，说明你要长个子了。但是你现在‘易爆易燃’，搞得爸妈非常头大，有时候我都想‘辞职’，不想给你当妈妈了。”

老旦说：“人家也想控制来着，可是总控制不住。”

老妈商量：“我也知道不好控制，这样好不好？爸妈的容忍度再提高一点，你也再努力地、尽量地控制一下。这样，我们的日子都会好过许多。你也希望我们两个健康长寿，对吧？”

老旦停了停，大概是设身处地替自己考虑了一下未来：“嗯，我试试，尽量控制。”

老旦又看了看老妈的脸色，斟酌一番，确定是“大晴天”，说：“妈妈，看你今天心情不错，我就给你讲一件坏事？”

老妈拍拍胸脯，非常大度地讲：“我今天心情好，天塌下来，也能忍。我的心已经锻炼成了铜墙铁壁，刀枪不入。”

老旦不客气地说：“我那天发脾气，把客厅的屏风砸歪了，它现在只是虚虚地立在那里，它会不会突然倒了被摔坏呀？”

老妈起身去看了看屏风，说：“没事，没砸烂就行。但是这种事以后要及时汇报，万一哪天屏风摔倒把人砸伤就不好了。并且屏风砸坏了，花钱不说，重新定做一个很麻烦，也需要很长时间。以后还是打沙袋的好，实在不行，再买一个沙袋，你看如何？”

老旦如释重负：“不用了，我喜欢我的旧沙袋，都陪了我好多年了。我以后尽量注意，少发脾气。”

老妈笑着摸了摸老旦的头。

从那天起，老旦发脾气的次数明显减少了，情绪越来越稳定了。

说不完的姐弟情

2024 年 6 月 20 日

晚上该睡觉了，老旦说他的屋里有蚊子，今天要睡炕。

等铺排好炕，关灯，拉上窗帘，刚刚躺下的老旦又说失眠，要老妈来陪他聊天，权当催眠。透过窗帘的缝隙，对面楼房灯光的余晕正好洒在老旦稚嫩的脸上，他的一双大眼睛瞪得像铜铃，根本没有睡觉的意思。时间还不算太晚，那就聊聊吧。

老妈坐在炕沿，轻轻地问：“想聊什么呢？”

老旦开讲：“我的同桌曾和我请教做姐姐的秘诀。她讲了自己和弟弟相处的故事，然后问我觉得怎么样。我和她说如果姐姐管教弟弟，弟弟肯定不开心，但是作为姐姐一定要树立威信，可以想办法‘收买’弟弟。我同桌听了我的建议立刻回家给他的弟弟买了两颗糖。”

老旦志得意满，标榜自己道：“我已经直接或间接帮过好几个弟弟，我觉得我快成全天下弟弟的好朋友了。”

接下来，老旦毫不吝啬地赞美起自己的姐姐：“我和我同桌讲，我的姐姐是天底下最好的姐姐，从来不欺负我，不打我，还总是给我准备零食和玩具，而且正好都是我喜欢的，真不知道她咋总能知道我想要啥。”

老妈也不吝赞美之词：“我觉得你姐深谙为姐之道。”

老旦进一步解释：“我姐那叫恩威并施。我姐几乎没有揍过我，可是我只要听见她喊我一声，我就不敢违抗。妈妈你记得吧，吃饭前如果你喊我过来吃饭。我就说‘马上，我上个洗手间，再等会儿’。可是如果我姐喊一声：‘老旦过来……’

不等老旦说完，老妈开始笑着揭老旦的底：“你就吓得一哆嗦，赶紧放下手里的事，跑过来。”

老旦笑着又说：“哆嗦倒是不至于，听姐姐的话已经成了我的本能。我同桌也理解不了，问我：‘你姐又不揍你，你怕啥？’我说：‘我姐最会买玩具，如果我把她惹急了，我的玩具就都没啦。从前我也以为老大打老二天经地义，虽然没被姐姐揍过，可是我俩差十四岁，我也打不过人家。’我同桌又问我：‘再过十四年，你能打过她了，你还会和她和平共处吗？’我说：‘肯定会呀，我姐在能打我的时候对我这么好，以后我肯定会和我姐和平共处。’我同桌听完，又说她现在挺担心，如果现在对弟弟不太好，弟弟将来不和她玩。我说，她那叫管教弟弟，她对弟弟也挺好的。”

老妈：“那你是不是应该消除同桌的疑虑？”

老旦：“当然了，我说：‘如果你对弟弟冷暴力，弟弟才受不了。现在弟弟对你肯定服服帖帖的，你是他唯一的姐姐，你现在也和他玩了，他将来肯定和你玩。’”

老妈：“你给同桌吃了一颗定心丸，她以后肯定会好好对待自己的弟弟。”

老妈：“你有没有和同桌讲你姐是如何带你出去玩的？”

老旦：“当然讲了，环球影城、迪士尼都讲了。我同桌听完嘴巴张得大大的，说我姐对我真太好了。”

老妈：“你有没有说你把姐姐的书包弄丢了，里面装着姐姐升学的证件，你姐都没骂你。”

老旦：“是啊，我姐当时只是说了我两句，然后就说赶紧找吧。虽然在找书包上我出了很大的力，但书包是我丢的，姐姐批评我也是无可厚非的。”

炕的另一头是窗台，老旦沿着窗台走来走去，边讲边拨拉开窗帘，扒着窗玻璃向外面看，窗外是万家灯火。老旦有没有想姐姐呢？

老妈提醒：“你抽空可以给姐姐打个电话，慰问一下嘛。”

老旦：“好的。”

话锋一转，老旦又讲：“下午吃饭时间，同学们兴高采烈地互相分食物和找食物时，有个女同学专门过来给我投送食物，感觉像我姐在投喂我。”

讲到兴头上，老旦站在炕上边说边比画，连蹦带跳，一会儿是自己，一会儿变身同学，在教室里穿梭着寻找好吃的。恍惚间，炕变成了老旦的舞台，老妈侧身坐在舞台边，听着，看着，欣赏着老旦一个人的演出。

看看时间，老妈提醒："太晚了，睡觉吧。"

老旦还没有聊尽兴，被催促再三，虽意犹未尽，也只好睡觉。两人相约，明天还睡炕。

幸福的时光总是如此短暂，还没有来得及细细回味，已经从指缝悄悄溜走。

学习做饭，挣钱口福两不误

2024 年 7 月 7 日

期末考试刚刚结束，应老旦的要求，老妈陪老旦看电影。

好久没有进过电影院了，老旦期待满满，准备了看电影的标配——可乐、爆米花。我们看的是动画电影《加菲猫》。老妈觉得很无聊，老旦却觉得能坐在电影院，吃着爆米花，喝着可乐，看啥不重要，关键在于这种感觉让人快乐。

看完电影，老旦觉得不过瘾，心里惦记着啥时候能看下一场。

老妈趁机提议："老旦，你可以从我这里挣钱看电影，攒够了钱，我再带你看电影。"

正在兴头上的老旦不屑一顾。

老妈无奈，补了一句："这只是个建议，干与不干，都由你。"

不出所料，晚上临睡前，老旦把老妈拉到他的床边，期盼地和老妈商量：“妈妈，你给定个方案好吗，我咋能挣到看电影的钱？”

老妈：“老旦，你是计划的制订者和执行者，我只充当监督者。”

老旦：“咱们今天看电影一共花了多少钱？”

老妈：“算个大概数吧，具体我记不清了，电影票两人 80 元，爆米花、薯片等零食 40 元，吃饭 15 元，停车费 20 元。”

老旦：“我只负担我自己的电影票钱吧？”

老妈：“我是陪你看，你不负担我的票钱，难道让我在外面等着？”

老旦：“妈妈，你今天也看了吧，也挺开心，对不对？”

老妈很不情愿：“好吧，我自己负担自己的电影票钱和停车费，其他的就算 95 元吧。”

老旦很吃惊：“这么贵？”

老妈：“是呀，你不当家不知道柴米贵。”

老旦：“哦。那我写一页英语或语文字帖都 1 元钱？”

老妈：“可以，但是要以质取胜，不能只求数量，不求质量，每一页我都要检查。”

老旦：“英语和语文，每预习一课算 1 元钱。”

老妈：“可以呀，但是课文都要大声朗读，语文的生字要在课文里画圈圈，英语单词简单的要会背，复杂的要会认。我要开始验收《新概念英语》课文的背诵了，每背会一课也算 1 元。”

老旦眼前一亮：“那数学呢？”

老妈：“也可以算呀，比如，期末考前的拔高题难题，你可以再做一遍，要正确率，还要速度，每一题算 1 元。”

老旦高兴地说："那不错呀，明天我要加油挣钱，挣够钱好看电影。"

第二天处于新规实行的摸索阶段，练字、预习课文，再加上老妈提议的从前制定的写书法挣钱的办法也沿用下来，老旦一天只挣了 5 元钱。

晚上老妈做饭时，老旦站在旁边看。老妈感慨："我小时候也喜欢这样站在一边看爸爸妈妈做饭，长大后做起饭来便可以无师自通了。"

老妈灵机一动，问："老旦，你要不要学做焖面？学费老妈只要 5 元钱。"

老旦合计一下，说："我想学，可是支付了学费，我又一分钱没有了，我啥时候才能攒够看电影的钱？"

老妈帮老旦算大账："老旦，今天你支付 5 元钱的学费，等你学会了手艺，就可以用手艺挣钱了。以后，每给爸妈做一顿焖面，我给你支付 5 元钱，你想想，5 元，5 元，又 5 元。"

老旦一听，来劲了："对呀，这倒是个好办法，我学。"

于是老妈耐心地讲解，教老旦做焖面。

老旦学会了做焖面，却一直没有机会施展。老旦想起当时自己一穷二白，就有点后悔花 5 元钱学手艺，认为如果没机会发挥就等于白学，于是想要回自己的 5 元钱。

老妈不干，辩解道："你把学费交到学校，结果你学的知识没用上，就想找学校讨回学费，这怎么可能？你又不是没学会，这几天用不上，不代表以后也用不上。你既然学会了，学校概不退费。”

尽管这样说，老妈还是尽快给老旦安排了一次做焖面的机会。

老旦从择豆角做起，洗菜，切菜，炒菜，放面。笨手笨脚的老旦，菜刀都抓不稳，老妈在旁边看着，一会儿担心菜刀掉到地上砸了脚，一会儿担心菜刀切到手，一会儿担心锅铲掉进锅里。尽管磕磕绊绊，老旦还是一鼓作气做好了焖面，浓浓的香味飘满厨房。

老旦端着碗，吃着自己做的面，赞不绝口：“好吃，好吃。”

老妈问：“你觉得做饭难吗？”

老旦不理会老妈的问题，只说：“我觉得好吃。”

最后老旦问：“妈妈，以后能不能再教我几道菜？”

老妈：“可以呀，你想啥时候学，我就啥时候教！”

老旦自己总结：有了这个制度之后，老旦和妈妈减少了许多不必要的口舌与麻烦。

老妈也总结：原来费尽口舌，不如一元两元的约束力大。钱不在金额大小，能让老旦明事理就好。

此一时，彼一时

2024 年 8 月 20 日

暑假出门旅行，在机场，老旦趴在给乘客充电的小桌子上写作业。

过了一会儿，老旦拿来作业向老妈炫耀：“妈妈，我隔页撕了几页，老师肯定看不出来。”老妈大吃一惊。原来上小学的时候，每逢放假，老旦玩得过了头，写不完假期作业时，老妈就把作业撕掉几页，投机取巧。

老妈当时以为，小学的作业无关紧要，可写可不写。让老妈没有想到的是，当时种的因，现在结了果，老旦理所当然地认为不想完成的作业都可以这么操作。

老妈赶紧向老旦道歉：“我以前做得不对，我的本意是非必要的作业可以酌减。现在你上中学了，功课紧了，尤其是这项语文作业，对引导你完成阅读和考察上学期的古诗文背诵情况至关重要，一页都不能少呀！”

老旦听了，连连点头。

这件事给老妈结结实实地上了一课。

在返程的路上，老旦愁眉苦脸，一声叹息：“哎，我的好日子结束了！”

老妈纠正：“咱们只能说是这次旅行结束了。如果把旅行当成人生的一种充电形式，那么即将投身的学习就是另外一种充电形式。它们虽然方式不一样，目的是一样的，互相补充，互相促进，才能达到更好的效果！”

老旦听了眉开眼笑：“是呀，回去我要好好努力学习了！”

老旦官宣：进入青春期

2024 年 8 月 27 日

晚上，老爸老妈接老旦回家，在院子里碰到了老妈的朋友。朋友邀请老妈去打乒乓球，老妈说自己更年期了，胳膊腿都疼，还是不动为妙。

不知道为啥，这句话触动了老旦的神经。老旦的嘴巴像机关枪一样朝老妈开炮：“我妈妈已经更年期十多年了，从我记事起，我妈妈就更年期，所以凡事都拿更年期做挡箭牌，凡事都有了理由，谁都不能惹她，估计我妈妈以后一直都是更年期了。”

老旦的嘴巴，吧嗒吧嗒说个不停，三个成年人一句也插不进去。临别，老妈的朋友说：“难怪，老旦两三岁时就听说他爱讲话，今天一见，果然如此。”

老旦意犹未尽。一进家门，老旦就在沙发上正襟危坐，不等爸妈落座，就郑重宣布：“我宣布，从今天开始，从现在开始，我正式进入青春期！”

老爸老妈半天都没反应过来。只等老旦重复两回，老妈才明白过来，老旦这是变相地要求和老妈更年期一样，要享受同等的特殊待遇。老妈笑着说：“青春期的到来，你说来就来了？有根据吗？前一秒还是小孩子，后一秒就青春期啦？”

老旦：“反正从现在开始，我进入青春期了！”

爸妈一起陪着笑脸。老爸说：“好，好，我们认可了，你现在正式进入青春期了！可以去换衣服，开始补作业了吧？作业写不完，开学可是没法交代呀！”

老旦见得到认可，借坡下驴：“可以了，我这就去补作业了。”扭头补了一句：“念书不易，请多关照！”

青春无悔，青春万岁！

痛失300元意外之财

2024年9月17日

安顿好老旦睡觉已经是半夜。为了不影响老旦，营造一种全家睡觉的氛围，老妈和老爸躺在屋里，摸黑说悄悄话。

忽然，老妈似乎听见咚咚的轻微叩击声，屏住呼吸仔细一听，发现声音还在。老妈问老爸：“你在叩墙吗？”

老爸否认，随即笃定地说：“肯定是老旦在外面的阳台上叩击玻璃窗。”

打开窗户，后阳台上不见人影。老妈下炕打算去查看老旦是否在床上，走出屋的时候，被脚下的瑜伽球拦个正着，瑜伽球上还放置了东西，“啪嗒”一声掉在了地上。

老妈好奇老旦是不是能听到他们说话，亲自到后阳台，让老爸在屋里说了几句话。隔着玻璃，老妈听得清清楚楚，心里不禁有些打鼓，朝老旦喊：“你是不是又装神弄鬼？”老旦只是干咳两声，再问，他还是干咳两声。

老妈不打算深究，只喊：“不早了，快睡！”

老妈回屋开灯看会儿书，没看几句，总觉得屋外有窸窸窣窣的声音。老妈下地查看，瑜伽球不知道啥时候又正正当当地滚到了门口，上面又重新放上了东西。瑜伽球稍稍滚动，东西正好掉在地上。

这回肯定是老旦在作祟。老妈去床边查看时，老旦正蒙着头装睡。老妈笑他：“装的最高境界就是能瞒天过海，可是你没装成呀！快睡吧，不早了，睡不了几个小时了，明天还要上学呢。”

老旦咯咯地笑出声，翻个身，这回是真睡了。

第二天中午放学回家，老旦给老妈讲：“我昨天晚上设计了个游戏。我在瑜伽球上放了台球的三脚架，老妈把三脚架碰倒在地上两回都错失良机。如果老妈勤快，把三角架捡起放到台球桌上，就会发现，台球桌上放了一个我啃了几口的梨。如果老妈嫌我乱放东西，愿意把啃过的梨放到厨房，这时老妈会发现，厨房的岛台上放了两卷胶带。如果老妈把胶带放到我屋的书桌上，老妈就会发现，我留了300元钱的奖励。”

老妈大吃一惊，有这么好玩又赚钱的美事？思考了一下，问老旦：“你有没有想过，老妈可能不会按你的套路出牌，你的一番苦心就白费了。”

老旦哈哈大笑：“这个问题我想过，那你不是更没机会得到钱了？你按不按我的套路走是你的事，我设不设计这个游戏是我的事。我玩高兴就行了。”

老妈开始一个劲儿地后悔，说：“老旦呀，这么好玩的游戏让我生生错过了，还妥妥地错过了300元钱。太可惜了，我以后一定要多长个心眼，争取下次能发笔意外财！”

老旦十二岁了

2024年9月19日

今天老旦十二岁了。

吹过蜡烛，吃过蛋糕，老爸感慨：“终于长满一轮了。”

老妈纠正：“是新的一轮开始了。”

老爸意味深长地说：“不知道下一轮开始的时候，老旦是什么样了呢？那个时候就长大了，不用咱们管了。”

老妈又纠正：“用不了那么久，再过五年，就不用你管了。”

老妈老爸还在餐桌上畅想未来，老旦面对自己麾下的两个大头兵，发号施令：“哪有那么多的时间听你们两个闲聊，各就各位，各干各的事！”

然后，老旦指指老妈：“你，去你的屋里写你的文章。”又指指老爸：“你，去你的书桌那儿准备你的‘法考’。”

老旦用手指指自己，说:“我，当然要先写我的数学作业喽！”

两个大头兵立刻行动，不敢耽搁，跑步进入工作学习状态，分秒不敢怠惰。

屋里瞬间安静下来，老妈坐在电脑旁边，又到了写家庭日记的时间。

老旦今天十二岁了，回想往事，历历在目，一切仿佛就在昨天。

从产房里老旦发出第一声响亮的哭声，到睡梦中第一次无意识地咯咯笑；从蹬脚翻身，到摇摇晃晃地坐在床头；从撅着屁股在地上倒着爬，到蹒跚学步；从第一声含混不清的“妈妈”，到变成话痨；从妈妈的跟屁虫，到陪着妈妈游天下。

特别是最近这三年多来，把老旦的成长历程记录成文字，每每翻看，一桩桩、一件件，彼时的一言一行、一举一动，都是那么鲜活。照片，只能留下当时的影像。书写，则记录下了当时事情发生的来龙去脉、所思所想。

感谢自己不辍笔耕，不仅留下了珍贵的家庭记录，增进了夫妻感情，还增加了家庭凝聚力，缩短了两代人在年龄上的差距，使得母子间的交流更顺畅。

老旦今天满十二岁，老妈照例在这一天送上祝福：祝愿老旦健康快乐，学有所成。

当然还有我的家人们，老爸工作顺利，逢考必胜。大丫国庆节回家，一家人即将团圆，祝愿全家和和美美，幸福安康。那时候，这本家庭日记也已杀青，即将付梓，祝愿所有的孩子和妈妈都能共享美好时光。

过尽千帆，方晓养娃非易事，才懂得年少时父母的殷殷呵护。感恩父母，对我的养育。

人生百味，尝遍酸甜苦辣咸，才体会到爱与被爱的无尽美好。感恩爱人，给我的包容。

时光荏苒，亲历儿女渐长成，才发现成长是离别前的长情告白。感恩儿女，与我的陪伴。

感恩亲朋好友，感恩青山绿水，感恩祖国强盛……

回头看

青春之歌

成为母亲，是一件充满喜悦与美好的事情。母亲们总想在心中永远留住孩子稚嫩的脸庞与奶声奶气的童音，于是她们细心地观察着孩子的一举一动、一颦一笑，渴望将这些珍贵的记忆深深烙印在心底。

某天，老旦凝视了老妈许久，轻声说道：“妈妈，你刚刚说话的样子真的很像老姐。”这么多年来，老旦与老妈朝夕相伴，他每日都沉浸在自己的世界中玩耍。如今，他开始留意身边的人，也愿意静下心来观察自己的母亲，这实属不易。我不禁感叹，老旦真的与从前大不相同了。

当老妈牵着老旦的手游历各地，见识不同的人和事时，那双曾经柔软纤细的小手，在不知不觉中逐渐变得厚实有力。老旦的身形也从孩童逐渐成长为少年，如今已快赶上老爸的身高。某些我这个做妈妈的都没察觉到的细微变化，老爸却已经注意到了，他悄悄地告诉我：“老旦的额头上开始长痘痘了。”

回想老旦小时候，吃饭总是挑食，爱吃的就吃一点，不爱吃的则碰都不碰，每顿饭都吃得磨磨蹭蹭。而现在，老旦吃饭狼吞虎咽，食量惊人，甚至超过了爸妈两人的饭量。老爸总是担心他吃撑，从头看

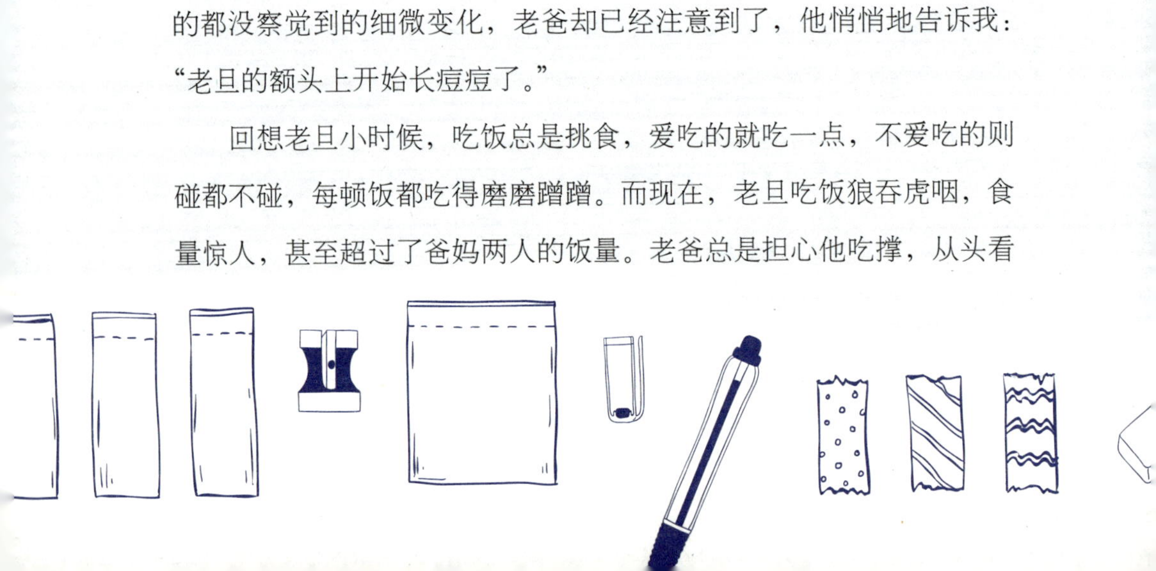

到尾地提醒着。

以前，老旦每次独自吃饭时，都喜欢老妈坐在旁边陪伴，边吃边聊，从古到今，从南到北，无所不谈。老旦的许多信息和知识都是在餐桌上从老妈那里获得的。但现在不同了，老旦更喜欢一个人边听历史故事，边悠闲地吃饭。他说，如果有人坐在旁边，就会感觉被监视，连饭都吃不下去了。于是，老妈只好在饭桌上摆个布娃娃或小玩偶，陪伴着老旦吃饭，对此老旦则怡然自得。

曾经，老旦每晚睡前都需要老妈亲吻，老妈还要替老爸和老姐亲吻他。但如今，这些睡前仪式都被他一一拒绝了。记得十一岁时，老妈觉得老旦长大了，可以停止这些亲吻了。但那时的老旦还很不情愿，说如果不亲吻，就感觉当天的事情还没结束，会睡不着。没想到短短几个月后，老旦就不再需要这些亲吻了。老妈只好按住他的胳膊，在他的笑声中追逐他躲闪的脸庞，完成了最后一次爱的仪式。

有人曾说："养孩子就是付出和欣赏，不要要求孩子完美，也不要期望他们为你争光，更不用说指望他们帮你养老。只求他们能健康地活着，让他们在这个世界中自由行走，让我也有机会与他们同行，一起成长，一起快乐，一起幸福。"所以，换一种方式去爱你的孩子吧，只要他平安快乐就好。

其实，青春期是一个模糊而短暂的概念，没有明确的起止时间。它仿佛一团迷雾，悄悄降临又悄然离去。当迷雾散去时，走出来的已经是一个顶天立地的少年了。

后 记

年轻时，我曾经看过京剧《锁麟囊》，特别想能在大丫出嫁的时候，陪嫁一个装满金银珠宝的锁麟囊。但是随着年岁的增长，我渐渐开悟，思想观念、精神财富比物质财富更宝贵，更有传承性，历久弥新。

我的父亲教我爱上读书和写作，父母共同教会了我慈爱，哥哥姐姐则教会了我相亲相爱、互相扶持。我的爱人跟着学中文的父亲读《朱子家训》《曾国藩家书》，从小受中华优秀传统文化的熏陶，深知家风家教对孩子的深刻影响。

家庭、家教、家风是大事。和谐向上的家庭是孩子的港湾，家庭教育为学校教育创环境、做支撑、增后劲。父母的生命是有限的，但是父母营造的文化氛围，即家风却可以代代相传。在平凡的家庭生活中，父母对子女的言传身教就是家教。家风家教的传承，往往是润物于无声，在点滴中显现。

老旦为什么喜欢书法，因为从小就见到老妈在写；为什么喜欢读书，因为老妈常常读书给他听；为什么喜欢旅行，因为在参观博物馆、游历山水中开阔了眼界。老旦为什么人缘好，是因为在父母的熏陶下，他与人为善，不计得失。老旦为什么活泼开朗，是因为他心胸广阔，不钻牛角尖。这是让人欣喜的一面。当然，老旦也有许多让人抓狂的缺点，追根溯源，大概率还是因为我们做父母的认知有限，言行也有诸多不当之处。所以，天下所有父母和子女的相遇，都是上天馈赠的一份礼物，相伴而行对彼此都是一次考验。老旦的“感”“待”“思”“联”“破”，其实也是我们做父母共同的“感”“待”“思”“联”“破”。

2022年，在老旦学校组织的主题为“注重家庭、注重家教、注重家风”的家长交流活动上，我第一次听到习近平总书记关于家庭教育的重要讲话，其中有一句话让我印象特别深刻，就是“家庭要帮助孩子扣好人生的第一粒扣子”。

如何贯彻习近平总书记关于注重家庭家教家风建设重要论述，对于一个普通家庭来说，我认为把有关家庭、家教、家风的大小事，通过文字记录下来，这件看似简单的事情，不仅可以让我们反思和内省，也是对家庭文化的积淀，也自然启动了家规的设立和家教的传承。同时我发现，这些记录下的文字不仅提升了我们家庭的和谐与幸福指数，更丰盈了我们的生活。

我择选部分记录汇编成本书，希望能给适龄的小朋友带来快乐，给正处困惑中的爸爸妈妈带来一些启发，也能让孩子已经长大的父母重温曾经美好的回忆。

希望我的做法，给每一位妈妈一个启发，都拿起笔来书写属于自己家庭文化的篇章，在文字中找寻孩子快乐、家庭幸福的密码，共同描画出万千人家的美好人间。

只要你愿意，现在就开始，记录你家里的故事，留住属于自己的美好瞬间。